ERSTE AUSGABE - Veröffentlicht 2022

Extra Grafikmaterial von: www.freepik.com
Dank an: Alekksall, Starline, Pch.vector, Rawpixel.com, Vectorpocket, Dgim-studio, Upklyak, Macrovector, Stockgiu, Pikisuperstar & Freepik.com Designers

Kostenlose Online-Spiele Entdecken

Hier Erhältlich:

BestActivityBooks.com/FREEGAMES

5 TIPPS FÜR DEN ANFANG!

1) LÖSUNG DER RÄTSEL

Die Puzzles haben ein klassisches Format :

- Die Wörter sind ohne Abstand, Bindetrich usw… versteckt
- Richtung : vor-& rückwärts, auf & ab oder in der Diagonale (beider Richtungen)
- Die Wörter können übereinanderliegen oder sich kreuzen

2) AKTIVES LERNEN

Neben jedem Wort ist ein Abstand vorgesehen zum Aufschreiben der Übersetzung. Um ihre Kenntnisse zu überprüfen und zu erweitern befindet sich am Ende des Buches ein **WÖRTERBUCH**. Suchen sie die Übersetzungen, schreiben sie sie auf, dann können sie sie in den. Puzzles suchen und ihrem Wortschatz hinzufügen.

3) ANZEICHNUNG DER WÖRTER

Haben sie schon einmal versucht eine Anzeichnung zu verwenden? Sie könnten zum Beispiel die Wörter, die schwer zu finden sind, ankreuzen, die Wörter, die sie lieben, mit einem Stern, neue Wörter mit einem Dreieck, seltene Wörter mit einem Diamant usw … anzeichnen

4) IHR LERNEN ORGANISIEREN

Am Ende dieser Ausgabe bieten wir auch ein praktisches **NOTIZBUCH** an. Ob im Urlaub, auf Reisen oder zu Hause, sie können ihr neues Wissen ganz einfach organisieren, ohne ein zweites Notizbuch zu benötigen!

5) SIND SIE AM SCHLUSS ?

Gehen sie zum Bonusbereich : **MONSTER-HERAUSFÖRDERUNG,** um ein kostenloses Spiel zu finden, das am Ende dieser Ausgabe angeboten wird !

Lust auf mehr Spaß und **Lernaktivitäten? Schnell und einfach :** eine ganze Spielbuchsammlung mit einem einzigen Klick erhaltbar :

Mit diesem Link finden sie ihre nächste Herausforderung :

BestActivityBooks.com/MeineNachsteWortsuche

Achtung, fertig, ... Los !!

Wussten sie, dass es auf der Welt ungefähr 7.000 verschiedene Sprachen gibt ? Wörter sind kostbar.

Wie lieben Sprachen und haben schwer daran gearbeitet, die Bücher von höchster Qualität für sie zu entwerfen. Unsere Zutaten ?

Eine Auswahl von angepassten Lernthemen, drei große Scheiben Spaß, dann fügen wir einen Löffel schwieriger Wörter und eine Prise seltener Wörter hinzu. Wir servieren sie mit Sorgfalt und ein Maximum an Freude, damit sie die besten Wortspiele lösen und Spaß am Lernen haben.

Ihre Meinung ist wichtig. Sie können aktiv zum Erfolg dieses Buches beitragen, indem sie uns eine Bemerkung hinterlassen. Sagen sie uns, was ihnen an dieser Ausgabe am besten gefallen hat !!

Hier ist ein kurzer Link, der sie zu ihrer Bewertungsseite führt

BestBooksActivity.com/Rezension50

Vielen Dank für ihre Hilfe und viel Spaß

Linguas Classics

卫	读	健	潜	益	艺	趣	放	绘	露	感	染	风	游	瓷
生	舞	康	摄	活	画	摄	饮	园	拳	园	篮	险	魔	乐
球	摄	纫	猎	能	织	欲	食	针	鱼	针	击	阅	露	狩
利	动	工	瓷	睡	遗	传	学	按	解	剖	学	潜	织	足
织	技	暇	织	觉	读	跳	织	摩	体	艺	动	篮	图	术
瓷	潜	纫	利	乐	松	纫	戏	陶	育	缝	纫	工	暇	绘
趣	艺	绘	跳	能	远	针	品	品	陶	陶	足	卡	趣	血
能	趣	活	园	舞	法	戏	技	篮	狩	摄	影	魔	路	足
源	跳	跳	鱼	拼	活	狩	击	跳	绘	园	压	摄	能	里
维	生	素	营	足	疾	利	拳	纫	读	远	游	力	瓷	艺
戏	重	缝	画	过	病	戏	技	趣	影	游	绘	拳	拼	暇
工	量	游	医	院	敏	球	魔	营	读	狩	针	陶	图	阅
狩	针	篮	益	潜	绘	术	戏	钓	钓	动	棒	织	陶	读
法	远	摄	戏	放	趣	品	摄	钓	艺	动	园	趣	影	球
拼	营	摄	营	舞	技	球	钓	乐	阅	图	拼	针	鱼	瓷

过敏
解剖学
食欲
饮食
能源
遗传学
健康
重量
卫生
感染

卡路里
医院
疾病
按摩
风险
睡觉
体育
压力
维生素

2 - Ozean

魔	陶	跳	松	针	技	摄	棒	钓	阅	法	篮	织	缝	狩
露	活	击	戏	游	陶	影	远	鱼	盐	潮	汐	园	园	工
纫	拼	瓷	棒	纫	豚	跳	篮	游	潜	影	棒	拼	活	绘
远	棒	绘	放	纫	海	能	篮	鳗	风	暴	跳	游	趣	趣
棒	螃	蟹	拼	舞	蜇	狩	球	鲸	鱼	棒	针	远	活	
篮	松	远	棒	远	潜	舞	缝	松	艺	足	拳	放	篮	跳
营	画	牡	蛎	虾	魔	舞	鲨	戏	棒	暇	技	鱼	篮	法
波	浪	读	棒	陶	技	活	鱼	舞	图	法	利	瓷	钓	能
暇	瓷	乐	工	利	工	园	篮	篮	游	跳	技	跳	猎	鱼
动	工	针	篮	营	击	缝	鱼	园	图	拳	艺	工	鱼	钓
法	陶	技	读	动	瓷	趣	放	营	阅	篮	活	影	织	阅
鱼	乐	乐	击	海	绵	拼	猎	击	跳	艺	棒	图	能	远
针	织	击	乌	龟	品	拼	章	船	图	放	瓷	活	织	礁
足	金	枪	鱼	艺	狩	猎	狩	鱼	钓	工	拳	跳	缝	摄
益	园	法	品	摄	技	画	珊	瑚	棒	图	能	足	鱼	远

鳗鱼
牡蛎
海豚
潮汐
鲨鱼
珊瑚
螃蟹

章鱼
海蜇
乌龟
海绵
风暴
金枪鱼
波浪

3 - Krankheit

神 球 工 技 放 魔 呼 针 钓 园 艺 乐 游 动 缝
经 舞 松 篮 阅 营 魔 吸 缝 潜 细 菌 足 瓷 园
病 益 游 针 术 织 趣 跳 的 术 阅 篮 放 益 瓷
骨 头 织 营 工 纫 影 品 乐 阅 放 瓷 身 足
露 鱼 针 趣 放 窦 画 画 动 魔 园 钓 潜 体 足
能 传 魔 健 康 针 画 园 能 针 远 技 鱼 潜 猎
潜 遗 染 狩 品 暇 影 图 暇 足 法 益 猎 读 钓
击 狩 品 性 腹 部 利 摄 艺 技 工 针 松 拼 品
戏 益 治 疗 球 趣 活 舞 活 针 鱼 松 跳 利 绘
球 乐 放 趣 技 益 瓷 阅 跳 足 松 篮 弱 钓
陶 品 游 摄 魔 园 远 鱼 画 图 魔 舞 猎 戏
击 跳 品 绘 能 图 法 织 乐 远 绘 针 瓷 心 狩
陶 益 足 放 潜 球 戏 炎 潜 舞 影 棒 钓 摄 营
品 拳 过 园 营 钓 读 症 急 益 舞 艺 园 法 舞
法 绘 营 敏 缝 读 球 鱼 击 性 慢 性 免 疫 术 舞

腹部
急性
过敏
传染性
呼吸的
细菌
慢性
炎症

遗传
健康
免疫
骨头
身体
神经病
症状
治疗

4 - Meditation

工 猎 篮 击 姿 纫 术 艺 暇 画 幸 猎 运 大 狩
术 动 松 能 猎 势 能 足 篮 针 福 篮 动 自 狩
影 潜 游 术 鱼 缝 钓 拳 舞 沉 默 棒 心 然 品
足 拳 读 音 篮 品 足 趣 感 激 暇 艺 理 戏 暇
足 球 棒 善 乐 纫 品 艺 工 品 术 鱼 阅 松 松
拳 阅 拳 乐 良 狩 游 乐 品 足 阅 图 纫 同 瓷
针 图 活 戏 击 松 陶 瓷 乐 击 益 乐 术 情 营
纫 动 活 球 乐 跳 击 潜 织 动 工 术 篮 拼 远
术 舞 跳 潜 营 阅 明 晰 益 品 摄 游 图 图 拼
园 足 击 跳 读 舞 纫 工 织 缝 露 乐 工 和 织
钓 影 游 能 棒 利 缝 松 洞 艺 缝 益 静 平 醒
绘 足 猎 术 接 益 趣 图 察 戏 图 瓷 利 技
猎 拼 术 跳 受 透 利 利 魔 狩 篮 鱼 舞 绘
园 益 露 游 棒 视 法 跳 力 吸 放 跳 能 益
游 动 艺 足 瓷 技 缝 瓷 舞 益 针 钓 绘 摄 狩

接受
呼吸
运动
感激
洞察力
善良
和平
心理
幸福

姿势
明晰
同情
音乐
大自然
透视
平静
沉默

5 - Archäologie

球	时	代	潜	营	摄	摄	魔	跳	益	篮	利	棒	工	读
园	纫	棒	读	放	后	裔	化	石	缝	乐	画	能	远	阅
纫	松	纫	利	足	狩	暇	营	潜	球	钓	画	钓	法	活
缝	趣	利	园	纫	陶	纫	园	露	魔	活	跳	球	活	缝
能	营	趣	对	狩	缝	未	技	阅	魔	营	评	画	篮	纫
工	技	营	象	钓	趣	知	舞	读	活	击	估	研	品	法
团	队	法	乐	潜	织	放	棒	足	品	画	营	究	文	明
舞	营	艺	球	术	读	品	营	术	远	读	棒	员	游	拼
教	暇	潜	游	足	击	品	潜	纫	拼	绘	工	读	缝	狩
击	授	球	读	利	足	读	篮	放	篮	园	缝	暇	绘	篮
瓷	技	缝	趣	足	园	神	潜	放	乐	潜	骨	纫	专	跳
分	析	猎	营	利	猎	影	秘	缝	工	篮	纫	陶	家	击
影	远	法	绘	放	读	营	拳	画	篮	影	寺	古	营	阅
遗	能	迹	暇	猎	暇	狩	舞	游	读	舞	庙	代	拳	趣
法	迹	狩	园	法	拼	绘	读	技	艺	钓	针	瓷	纫	墓

分析
古代
评估
时代
专家
研究员
化石
神秘
骨头

团队
后裔
对象
教授
遗迹
寺庙
未知
文明

6 - Insekten

鱼 活 击 瓷 艺 潜 动 跳 工 远 绘 放 品 瓷 园
远 缝 趣 纫 松 跳 狩 足 纫 远 瓷 艺 园 鱼 游
棒 猎 拳 阅 织 乐 工 瓷 足 法 术 读 缝 魔 猎
针 蝴 蝶 品 织 活 艺 魔 蚱 跳 戏 蜜 拳 暇 棒
趣 艺 松 露 能 阅 篮 术 益 艺 缝 蜂 篮 拼 趣
拼 跳 蛾 图 戏 游 棒 针 摄 能 益 棒 拼 蜻 园
瓷 放 图 瓷 活 钓 摄 潜 击 远 园 拼 艺 蜓 蠕
纫 球 营 钓 趣 图 纫 远 拳 技 球 活 营 蜓 虫
动 戏 缝 读 棒 瓷 品 利 纫 瓷 放 大 露 缝 幼
鱼 营 图 钓 足 潜 影 读 趣 拼 松 黄 跳 鱼 鱼
能 蝉 潜 艺 跳 篮 松 瓷 拳 跳 戏 蜂 跳 瓢 钓
针 黄 甲 虫 蚤 跳 暇 放 潜 纫 园 跳 能 虫 针
放 蜂 乐 蚜 读 暇 篮 猎 远 猎 乐 动 绘 乐 术
远 利 蟑 螂 趣 品 击 篮 能 露 白 松 暇 潜 棒
缝 工 潜 螳 趣 蚊 子 术 针 活 蚁 蚂 猎 纫 瓷

蚂蚁   幼虫
蜜蜂   蜻蜓
跳蚤   瓢虫
螳螂   蚊子
蚱蜢   蝴蝶
大黄蜂   白蚁
蟑螂   黄蜂
甲虫   蠕虫

断	营	反	影	狩	钓	益	影	远	图	拼	活	细	猎	戏
术	裂	益	射	猎	生	阅	跳	肌	游	法	足	菌	舞	法
织	拳	乐	松	利	医	鱼	钓	营	肉	读	针	瓷	技	营
钓	露	足	钓	绘	疗	艺	利	瓷	绘	织	骨	图	姿	棒
拼	针	园	棒	神	松	技	织	品	法	艺	头	益	势	影
激	趣	舞	营	经	织	影	戏	拳	跳	动	足	品	趣	能
素	露	潜	跳	缝	利	球	暇	篮	棒	读	缝	球	跳	拳
高	度	影	乐	趣	法	营	乐	饥	饿	放	摄	远	营	拳
魔	游	魔	魔	术	园	放	松	戏	肤	趣	动	读	能	能
游	治	疗	猎	习	惯	诊	瓷	鱼	拳	拼	松	织	戏	绘
益	远	足	绘	狩	技	所	瓷	动	瓷	针	拼	瓷	能	球
趣	击	益	活	利	魔	鱼	艺	钓	松	狩	游	利	技	拼
营	技	能	缝	猎	病	毒	陶	篮	品	拳	暇	暇	跳	乐
篮	游	品	艺	绘	舞	摄	潜	鱼	放	露	店	松	园	游
瓷	摄	跳	瓷	利	游	足	露	乐	纫	远	药	针	技	阅

药店
医生
细菌
放松
断裂
习惯
姿势
皮肤
激素
高度

饥饿
诊所
诊骨
医疗
骨肉
医经
肌射
神疗
反治
治毒
病

8 - Obst

工	织	读	篮	潜	戏	击	法	猎	术	远	潜	针	技	棒
露	营	纫	益	读	法	阅	品	棒	钓	戏	能	球	瓜	缝
纫	放	营	缝	棒	露	远	猎	戏	鱼	杏	陶	读	狩	能
影	猎	法	画	艺	针	球	园	工	露	梨	绘	益	戏	技
图	阅	针	菠	萝	营	放	柠	鳄	术	画	瓷	游	舞	画
松	绘	趣	松	绘	足	潜	檬	艺	画	绘	魔	图	读	图
织	棒	魔	乐	活	舞	远	乐	露	影	绘	李	黑	莓	法
趣	拼	乐	游	魔	工	远	潜	狩	棒	浆	油	子	鱼	放
画	阅	摄	猎	桃	樱	绘	读	远	潜	果	桃	击	潜	覆
摄	能	营	暇	猴	鱼	活	钓	艺	魔	陶	品	椰	图	露
园	法	摄	露	狝	苹	狩	狩	读	远	摄	椰	乐	击	活
园	影	拳	营	狝	果	钓	影	画	球	陶	子	松	舞	击
棒	园	松	钓	狩	品	狩	画	活	游	术	拳	香	图	营
乐	鱼	利	活	舞	瓷	针	木	瓜	拳	橙	猎	戏	蕉	拳
舞	能	绘	益	葡	萄	缝	钓	放	猎	色	动	暇	营	

菠萝
苹果
鳄梨
香蕉
浆果
黑莓
覆盆子
樱桃

猕猴桃
椰子
油桃
橙色
木瓜
李子
葡萄
柠檬

9 - Universum

钓	放	可	天	松	绘	轨	星	行	小	纫	品	活	法	球
放	艺	见	织	文	暇	道	系	赤	黄	宇	潜	拼	动	潜
术	拼	园	鱼	舞	学	文	天	猎	道	宙	趣	跳	魔	远
动	摄	冬	绘	放	远	家	暇	动	放	趣	球	拳	拳	工
法	术	活	至	读	拳	艺	空	天	趣	暇	乐	魔	魔	球
画	缝	阅	术	营	动	地	平	线	体	足	工	狩	戏	技
击	篮	足	活	纫	击	织	松	营	足	动	放	艺	益	鱼
织	针	暇	法	棒	能	法	拼	击	拳	影	乐	拳	阅	绘
技	月	亮	望	远	镜	摄	能	图	棒	营	狩	篮	足	拼
品	钓	读	能	绘	露	画	益	技	绘	球	乐	技	利	潜
益	游	猎	营	跳	足	魔	半	法	钓	鱼	针	球	针	绘
品	瓷	魔	艺	术	阅	影	球	纫	鱼	乐	棒	露	跳	工
纬	品	乐	跳	放	益	阅	针	纫	潜	术	艺	远	拼	图
度	暇	大	气	层	摄	陶	艺	瓷	棒	趣	针	猎	织	击
经	图	黑	暗	狩	乐	针	拳	品	艺	品	狩	狩	摄	露

小行星
天文学家
天文学
大气层
赤道
纬度
黑暗
星系
半球
天空

天体
地平线
宇宙
经度
月亮
轨道
可见
至
冬
望远镜
黄道带

10 - Camping

陶	远	能	织	暇	猎	棒	湖	益	球	独	木	舟	绘	戏
工	山	钓	活	球	利	灯	笼	陶	舞	拳	影	松	绘	摄
击	能	画	暇	绘	狩	乐	戏	活	摄	猎	鱼	钓	钓	潜
动	纫	击	法	绘	法	钓	品	拼	森	魔	影	图	能	活
工	舞	拼	动	绘	放	棒	影	篮	球	林	足	露	游	游
冒	险	游	物	地	图	法	能	放	图	品	瓷	品	艺	趣
鱼	大	自	然	活	露	读	拼	棒	击	拳	拼	缝	游	术
狩	阅	罗	阅	暇	足	狩	瓷	球	乐	织	游	游	击	乐
技	放	盘	球	法	放	能	火	潜	画	利	法	图	品	拳
乐	趣	露	篮	猎	猎	暇	活	利	品	艺	露	舞	技	读
营	鱼	动	缝	读	缝	松	动	露	舞	动	艺	露	利	棒
纫	昆	戏	品	纫	跳	益	营	舱	击	钓	陶	松	游	绘
织	图	虫	帐	篷	图	吊	床	阅	阅	活	松	读	绘	乐
缝	棒	猎	球	潜	狩	钓	帽	针	摄	魔	狩	能	棒	
猎	趣	戏	活	戏	缝	图	击	法	子	绳	狩	猎	月	亮

冒险		灯笼	
吊床		月亮	
帽子		大自然	
昆虫		绳子	
狩猎		乐趣	
独木舟		动物	
地图		森林	
罗盘		帐篷	

11 - Zeit

艺	纫	昨	艺	狩	钓	猎	远	缝	以	益	纫	球	击	营
阅	戏	天	后	纫	魔	钓	游	利	前	未	来	术	足	能
利	历	日	早	晨	画	放	舞	今	园	术	术	图	瓷	暇
瓷	益	画	益	艺	瓷	钓	棒	能	天	分	钟	时	放	术
影	营	品	瓷	动	读	乐	缝	园	图	世	月	趣	纫	击
读	纫	暇	跳	活	工	画	瓷	纫	暇	纪	击	游	阅	猎
足	工	露	魔	活	摄	击	纫	画	时	瓷	戏	篮	钓	棒
缝	缝	针	乐	摄	阅	每	年	小	园	晚	上	现	足	乐
露	术	读	跳	放	缝	画	舞	技	足	游	在	拼	游	活
品	乐	舞	潜	球	园	球	营	中	午	读	舞	远	舞	篮
图	魔	趣	瓷	十	拼	潜	魔	潜	乐	戏	利	钓	动	阅
狩	游	潜	画	年	拳	钓	法	影	技	利	影	缝	露	绘
击	艺	法	能	绘	松	术	图	跳	利	图	戏	艺	游	鱼
远	纫	松	棒	狩	法	纫	读	乐	猎	击	暇	陶	图	纫
魔	周	棒	拳	缝	活	织	松	画	拼	鱼	露	拼	陶	纫

昨天　　　　　中午
今天　　　　　早晨
世纪　　　　　晚上
十年　　　　　小时
每年　　　　　时钟
现在　　　　　以前
日历　　　　　未来
分钟

12 - Säugetiere

```
阅 园 拳 潜 鱼 纫 针 针 缝 瓷 魔 远 艺 猎 阅
趣 陶 拼 动 绘 陶 阅 舞 袋 鱼 狩 缝 能 能 织
击 舞 益 阅 乐 球 绘 潜 鼠 乐 针 图 阅 戏 狩
园 篮 图 画 技 棒 足 松 猎 动 缝 艺 潜 陶 阅
影 织 击 摄 潜 纫 球 陶 影 法 暇 品 海 趣 织
豹 斑 钓 远 能 纫 足 球 园 图 鼠 钓 狸 活 击
瓷 马 舞 纫 利 篮 老 暇 球 针 戏 活 击 读 瓷
园 绘 利 能 营 郊 露 虎 足 阅 阅 园 艺 图 拳
足 趣 狐 狸 跳 狼 猎 篮 钓 拳 乐 术 影 陶 拼
狗 图 动 摄 阅 足 针 羊 鱼 影 读 暇 缝 狮 子
魔 针 影 跳 拼 鱼 利 棒 拼 阅 击 工 鱼 游 猴
棒 营 放 缝 暇 益 篮 园 跳 狩 活 松 潜 足 能
棒 象 陶 舞 能 术 长 拼 拳 远 露 游 鲸 狩 针
阅 大 猩 猩 益 拳 颈 读 棒 远 针 织 狩 魔 技
鱼 营 熊 能 跳 马 鹿 游 公 牛 钓 品 球 鱼 营
```

猴子	袋鼠
海狸	郊狼
大象	狮子
狐狸	公牛
长颈鹿	老虎
大猩猩	斑马

13 - Algebra

鱼 狩 织 球 艺 缝 阅 技 园 乐 摄 潜 能 鱼 阅
公 读 暇 猎 棒 暇 织 露 放 松 棒 猎 品 园 棒
式 狩 足 品 跳 指 量 变 品 线 利 案 画 鱼 远
陶 图 表 活 舞 影 数 猎 鱼 摄 性 方 程 放 陶
乐 瓷 拼 球 能 活 分 纫 篮 舞 影 决 阅 简 化
动 放 影 利 篮 篮 戏 益 缝 拼 能 解 艺 暇 艺
园 棒 戏 能 趣 魔 跳 工 园 和 绘 跳 解 决 舞
织 暇 括 号 艺 猎 鱼 舞 矩 拳 法 减 园 远 猎
纫 拼 织 拳 艺 拳 益 缝 阵 击 跳 放 法 绘 工
魔 营 绘 瓷 法 棒 针 营 舞 阅 织 缝 游 利 益
趣 跳 拳 能 潜 暇 暇 品 跳 绘 动 品 术 放 钓
动 阅 拳 动 术 品 趣 能 活 零 利 棒 远 摄 拳
潜 问 品 术 绘 活 艺 松 钓 利 画 乐 活 球 狩
画 题 暇 读 画 园 潜 图 松 技 鱼 法 鱼 潜 足
因 素 拳 益 陶 品 球 钓 跳 无 限 猎 艺 影 术

分数
图表
指数
因素
公式
方程
括号
线性
解决

解决方案
矩阵
数量
问题
减法
无限
变量
简化

14 - Diplomatie

魔	技	拳	猎	乐	足	陶	猎	术	足	政	艺	术	营	击
陶	园	动	利	艺	活	合	作	瓷	猎	益	府	绘	术	游
远	工	图	放	营	动	拼	露	图	松	绘	舞	球	鱼	园
术	放	园	语	戏	政	治	读	织	舞	游	工	戏	瓷	戏
陶	法	工	言	利	猎	法	大	足	活	拳	阅	乐	瓷	瓷
跳	活	戏	远	松	技	暇	使	棒	解	图	钓	读	摄	游
营	绘	术	篮	利	人	道	主	义	决	艺	拳	品	乐	法
绘	足	艺	外	拼	画	鱼	狩	正	方	冲	突	松	影	动
品	摄	阅	交	顾	问	品	讨	论	案	术	魔	安	击	外
利	猎	戏	魔	园	工	针	公	缝	艺	动	戏	全	条	国
远	正	猎	伦	影	暇	读	潜	民	影	艺	大	图	约	篮
趣	直	远	露	理	潜	陶	瓷	织	社	技	使	缝	陶	露
棒	猎	正	园	潜	跳	钓	露	动	区	钓	馆	松	露	远
术	拼	足	图	松	潜	钓	针	术	棒	乐	图	露	鱼	法
舞	活	击	拳	织	潜	利	画	潜	营	利	鱼	图	拳	摄

外国
顾问
大使馆
大使
公民
外交
讨论
伦理
社区
正义

人道主义
正直
冲突
解决方案
政治
政府
安全
语言
条约
合作

15 - Astronomie

露	织	游	棒	宇	猎	术	能	陶	摄	天	空	暇	图	陶
织	读	影	松	航	阅	游	拼	松	舞	黄	品	陶	品	动
利	读	纫	动	员	球	天	望	远	镜	活	道	拼	球	狩
星	新	超	织	家	学	文	天	棒	趣	技	球	带	阅	瓷
座	针	趣	拼	游	跳	台	放	缝	拼	猎	阅	营	阅	彗
露	益	术	卫	小	行	星	狩	陶	术	击	工	动	露	星
拼	暇	动	跳	星	陶	鱼	读	工	术	足	月	拳	拼	松
法	益	球	技	行	拼	篮	艺	趣	跳	拳	亮	拳	能	星
篮	摄	法	画	击	篮	星	画	营	猎	击	跳	鱼	潜	星
趣	法	拳	游	地	能	云	阅	松	猎	拼	足	篮	品	动
园	跳	棒	利	球	织	法	营	足	艺	拼	跳	画	流	球
利	狩	影	猎	绘	鱼	趣	能	活	利	跳	猎	足	星	钓
跳	织	游	火	鱼	宇	宙	摄	猎	篮	乐	猎	品	太	击
魔	趣	跳	趣	箭	暇	术	松	图	拳	园	猎	缝	阳	戏
纫	图	法	跳	戏	缝	阅	动	工	园	棒	棒	棒	利	摄

小行星
宇航员
天文学家
地球
天空
彗星
星座
流星
月亮
星云

天文台
行星
火箭
卫星
太阳
星星
超新星
望远镜
黄道带
宇宙

16 - Ballett

瓷	绘	活	跳	钓	鱼	织	跳	管	松	绘	击	织	戏	鱼
鱼	动	松	艺	术	的	工	摄	营	弦	读	风	营	动	艺
钓	节	奏	舞	技	鱼	拳	足	鱼	足	乐	格	远	松	趣
游	强	放	独	舞	球	钓	游	工	音	队	跳	足	阅
艺	织	度	露	读	狩	露	能	术	园	露	魔	术	击
活	潜	法	技	魔	舞	乐	图	乐	潜	暇	纫	能	球	园
纫	摄	术	拼	针	营	放	舞	击	舞	魔	陶	球	足
实	践	钓	钓	足	拳	舞	戏	园	图	艺	营	针	技
营	鱼	绘	跳	篮	球	营	放	能	利	棒	鱼	作	缝
技	能	远	术	戏	图	法	缝	松	鱼	针	球	曲	阅
肌	肉	动	露	戏	跳	魔	狩	影	篮	编	舞	工	家	拳
利	活	摄	品	能	影	露	猎	拳	露	拳	暇	益	益	猎
针	法	掌	声	拼	绘	戏	富	有	表	现	力	潜	瓷	戏
钓	棒	活	益	击	远	动	游	远	拼	狩	针	舞	戏	瓷
足	篮	拼	读	手	势	能	魔	能	放	绘	乐	者	观	众

掌声	肌肉
富有表现力	管弦乐队
编舞	实践
技能	观众
手势	节奏
强度	独奏
作曲家	风格
艺术的	舞者
音乐	技术

17 - Geologie

高 针 摄 篮 利 盐 足 图 松 化 石 头 露 戏 矿
原 潜 狩 珊 趣 技 利 摄 笋 石 乳 摄 乐 戏 物
针 动 图 钓 瑚 戏 图 读 篮 拼 钟 摄 拳 篮 棒
大 陆 陶 趣 放 图 跳 绘 跳 纫 纫 鱼 绘 绘 洞
魔 益 阅 钓 酸 击 陶 潜 艺 织 钙 趣 乐 穴 利
钓 园 鱼 拼 利 动 跳 瓷 足 陶 戏 潜 阅 松 缝
露 针 织 趣 缝 艺 图 松 鱼 活 阅 图 暇 松 缝
织 火 影 石 潜 工 熔 岩 织 术 园 魔 间 利 拳
露 山 针 跳 英 利 工 读 艺 游 拼 拳 阅 拳 摄
技 术 织 绘 法 潜 拼 图 远 图 地 区 泉 艺 周
乐 图 潜 拳 法 放 篮 营 术 震 读 阅 暇 球 期
狩 瓷 戏 画 益 技 活 露 魔 松 工 趣 足 工 跳
园 技 阅 侵 针 足 戏 影 缝 针 读 跳 活 艺 法
缝 棒 击 蚀 工 松 营 艺 棒 狩 工 球 术 棒 画
瓷 球 术 园 足 品 针 陶 足 利 狩 利 棒 画 拼

地震
侵蚀
化石
间歇泉
洞穴
大陆
珊瑚
熔岩

矿物
高原
石英
石笋
钟乳石
石头
火山
周期

18 - Wissenschaft

舞	化	缝	假	品	实	阅	缝	能	法	远	阅	艺	生	球
狩	石	重	露	设	验	潜	击	艺	钓	陶	气	候	陶	物
工	陶	力	技	鱼	戏	松	篮	园	阅	趣	绘	法	画	乐
放	技	动	摄	足	击	舞	缝	篮	动	活	舞	法	绘	陶
棒	棒	图	拼	动	足	大	钓	狩	绘	术	篮	术	绘	纫
图	艺	乐	远	放	园	品	自	篮	画	瓷	读	瓷	篮	园
球	钓	戏	绘	猎	钓	进	技	然	松	植	术	化	能	绘
戏	科	魔	实	针	暇	化	阅	品	暇	物	益	学	猎	陶
松	学	利	验	拼	原	子	分	织	钓	球	击	的	数	据
远	家	画	室	篮	球	粒	利	篮	织	远	画	猎	织	远
矿	潜	篮	戏	松	松	织	纫	读	方	针	能	拳	鱼	拼
物	物	理	法	舞	工	技	影	营	法	艺	园	术	益	园
篮	乐	术	摄	击	艺	松	活	瓷	利	事	品	暇	乐	拳
棒	活	益	跳	法	织	影	图	鱼	棒	阅	实	足	魔	钓
远	园	活	工	暇	潜	能	艺	摄	钓	放	戏	图	品	钓

原子	矿物
化学的	分子
数据	大自然
进化	生物
实验	粒子
化石	植物
假设	物理
气候	重力
实验室	事实
方法	科学家

19 - Sport

游 击 织 阅 拳 艺 运 益 能 力 饮 营 程 序 击
工 纫 陶 益 拳 营 篮 动 技 阅 食 乐 活 暇 鱼
利 缝 绘 放 露 棒 乐 暇 员 营 技 暇 利 园 球
能 纫 击 画 鱼 戏 击 足 术 远 松 读 营 绘 能
游 篮 缝 技 阅 活 画 图 艺 舞 陶 绘 益 养 暇
露 击 摄 活 趣 品 陶 活 读 露 放 戏 露 篮
舞 击 远 远 缝 舞 艺 动 最 拼 阅 戏 足 代 艺
趣 放 织 阅 能 织 戏 棒 放 大 健 康 身 谢 放
陶 狩 放 游 跳 读 营 魔 读 魔 化 育 体 松 篮
钓 松 舞 趣 血 管 游 球 拳 篮 园 耐 足 技
篮 足 潜 心 血 管 游 松 织 跑 钓 力 鱼 击
动 拳 拳 摄 影 舞 画 技 猎 阅 步 魔 图 循 暇
舞 舞 狩 拳 技 益 目 读 绘 教 肌 肉 骨 环 纫
球 舞 力 量 艺 动 标 艺 球 练 读 读 头 织 活
法 鱼 影 园 击 趣 园 瓷 缝 潜 绘 乐 跳 舞 织

运动员　　　　　　最大化
耐力　　　　　　　代谢
饮食　　　　　　　肌肉
营养　　　　　　　程序
能力　　　　　　　循环
健康　　　　　　　体育
跑步　　　　　　　力量
心血管　　　　　　跳舞
骨头　　　　　　　教练
身体　　　　　　　目标

20 - Mythologie

远 图 影 篮 画 创 造 暇 动 舞 篮 织 针 活 艺
活 织 钓 能 拳 球 瓷 艺 篮 纫 复 仇 活 暇 品
趣 拼 园 篮 狩 拳 阅 放 战 法 画 戏 读 园 摄
松 跳 趣 猎 凡 人 艺 戏 读 士 动 暇 图 戏 远
狩 足 园 利 棒 影 益 猎 能 狩 棒 潜 陶 魔 戏
利 织 迷 宫 闪 棒 篮 瓷 趣 园 远 拳 灾 难 戏
利 能 舞 针 影 电 行 为 品 乐 乐 露 摄 狩 益
工 图 图 戏 不 篮 放 利 戏 趣 园 趣 潜 远 画
影 放 跳 图 朽 露 动 足 工 织 放 钓 拳 钓 跳
雷 游 狩 动 球 篮 击 生 物 足 舞 鱼 纫 读 绘
球 力 传 说 天 神 奇 趣 怪 乐 瓷 舞 舞 英 瓷
露 量 画 术 针 堂 狩 法 远 陶 潜 钓 篮 雄 营
击 法 原 钓 动 游 游 嫉 妒 放 营 狩 舞 利 魔
狩 拳 型 魔 瓷 图 暇 狩 绘 活 技 品 影 猎 文
篮 拼 狩 摄 术 足 击 园 放 放 活 图 乐 足 化

原型
闪电
嫉妒
英雄
天堂
灾难
创造
生物
战士
文化

迷宫
传说
神奇
怪物
复仇
力量
凡人
不朽
行为

盐	工	椅	拼	远	魔	益	游	缝	图	露	读	暇	画	拳
陶	绘	缝	子	游	鱼	法	活	跳	绘	跳	利	猎	暇	露
叉	魔	暇	暇	棒	猎	远	松	纫	技	鱼	拳	陶	能	动
陶	子	织	术	魔	缝	篮	艺	纫	松	魔	远	猎	画	拳
摄	织	球	瓷	篮	舞	戏	跳	绘	技	瓷	钓	跳	游	阅
法	服	园	品	图	潜	陶	营	远	球	影	绘	球	图	读
潜	务	画	潜	松	纫	舞	足	水	足	能	艺	乐	读	球
球	员	露	猎	晚	绘	蛋	放	果	棒	陶	午	餐	鱼	舞
艺	勺	阅	摄	餐	术	糕	法	艺	活	暇	狩	园	水	摄
织	子	画	游	工	织	狩	露	狩	跳	织	动	露	美	鱼
跳	艺	游	魔	营	纫	活	影	暇	松	利	游	沙	味	品
拳	图	跳	足	足	松	远	鱼	艺	益	足	松	拉	游	营
汤	狩	香	料	技	阅	露	放	工	拼	远	开	拼	狩	术
暇	利	画	饮	戏	冰	潜	潜	缝	术	能	戏	胃	益	狩
面	条	品	能	瓷	游	读	瓷	放	纫	暇	鱼	活	菜	蔬

晚餐　　　　　　　蛋糕
水果　　　　　　　勺子
叉子　　　　　　　午餐
蔬菜　　　　　　　面条
饮料　　　　　　　沙拉
香料　　　　　　　椅子
服务员　　　　　　开胃菜
美味

22 - Schokolade

园 魔 戏 棒 戏 钓 异 利 足 针 击 击 球 棒 猎
松 针 瓷 影 艺 影 国 读 缝 图 松 营 织 足 钓
椰 能 焦 品 绘 跳 情 卡 营 绘 美 远 球 针 法
戏 子 糖 画 松 术 调 游 路 拳 味 图 球 松 魔
术 潜 影 利 足 艺 质 味 道 里 狩 法 技 法 技
技 棒 品 魔 戏 利 量 松 技 足 露 能 潜 摄 园
画 能 能 法 读 营 艺 图 技 狩 能 画 工 技 篮
跳 纫 营 篮 图 织 苦 拼 摄 足 潜 绘 球 营 益
织 动 活 活 可 瓷 松 渴 望 园 魔 潜 花 瓷 织
拼 工 营 缝 可 香 气 拼 阅 食 谱 游 生 拳 棒
艺 甜 钓 松 营 球 技 棒 鱼 魔 绘 跳 糖 艺 陶
游 足 蜜 足 能 绘 动 成 露 乐 图 技 击 织 活
足 影 纫 的 欢 喜 最 分 图 抗 氧 化 剂 游 游
击 品 游 钓 鱼 篮 瓷 游 术 露 潜 针 篮 园 摄
术 阅 针 纫 艺 鱼 棒 游 织 利 缝 影 棒 暇 游

抗氧化剂　　　　焦糖
香气　　　　　　椰子
花生　　　　　　美味
异国情调　　　　质量
最喜欢的　　　　食谱
味道　　　　　　甜蜜的
可可　　　　　　渴望
卡路里　　　　　成分

23 - Boote

渡园活乐篮游跳园浮动放放织活瓷
轮拼舞皮洋船员钓标猎击能足猎图
救生艇艇海动足益艺图松影术针棒
狩画锚绘读乐击动潜棒法绘拼缝陶
园足放码头露篮绳摄鱼狩术影击河
戏暇工魔绘利术子戏筏摄乐绘工织
摄利拳术针能工狩绘足技远动画拳
能乐潜阅篮放足织棒暇足工拼狩舞
针松舞游针海魔趣猎引擎篮活暇影
读艺园波品上法技篮针拳趣技舞读
钓游拳露浪的狩瓷读针潜远棒露瓷
松艇独木舟瓷益舞鱼露图针帆工乐
园摄远技戏放篮鱼缝湖拳活船法钓
画摄活技戏动乐猎游游露松读魔钓
图桅杆摄艺松影影乐织动戏益阅露

浮标　　　　　　海上的
船员　　　　　　海洋
码头　　　　　　救生艇
渡轮　　　　　　帆船
皮艇　　　　　　绳子
独木舟　　　　　波浪
桅杆　　　　　　游艇
引擎

24 - Stadt

鱼	剧	瓷	摄	舞	图	潜	拳	放	博	物	馆	电	机	场
酒	院	读	工	画	球	餐	织	园	魔	拼	读	暇	影	市
绘	店	包	面	拼	潜	厅	织	阅	击	鱼	狩	戏	动	级
艺	花	艺	远	魔	放	拼	图	银	瓷	缝	拼	足	读	超
游	利	棒	放	能	跳	缝	书	行	活	松	魔	舞	露	游
暇	钓	猎	松	猎	影	击	馆	园	阅	篮	影	摄	缝	营
品	缝	跳	阅	画	廊	体	潜	狩	松	戏	游	瓷	阅	能
缝	织	狩	魔	魔	拳	育	瓷	营	活	魔	戏	足	猎	露
狩	利	绘	织	戏	品	场	营	瓷	影	舞	摄	缝	舞	拼
魔	舞	击	戏	露	绘	市	技	书	魔	拳	跳	利	趣	暇
读	露	趣	魔	技	药	园	拳	店	潜	足	读	纫	纫	绘
缝	拼	学	大	能	品	店	篮	读	读	益	绘	缝	绘	活
园	能	校	钓	术	织	狩	露	乐	图	远	营	击	图	放
诊	所	动	物	园	织	游	拼	艺	暇	品	织	暇	放	艺
趣	缝	鱼	图	球	露	品	游	瓷	魔	法	织	读	工	棒

药店
银行
面包店
图书馆
花店
书店
机场
画廊
酒店
电影

诊所
市场
博物馆
餐厅
学校
体育场
超级市场
剧院
大学
动物园

25 - Aktivitäten

艺 跳 能 利 露 品 术 鱼 拼 舞 放 活 拳 影 钓
法 法 游 绘 乐 拼 影 戏 瓷 缝 篮 松 跳 乐 织
营 戏 摄 击 图 绘 潜 露 益 陶 缝 工 舞 游 游
法 动 影 术 暇 画 狩 棒 钓 摄 图 钓 艺 戏 拳
陶 瓷 能 术 拼 能 拳 篮 术 营 露 鱼 织 品 利
阅 纫 击 图 魔 露 织 阅 拳 画 缝 益 放 潜 动
影 纫 工 阅 读 营 球 读 图 露 松 瓷 针 瓷 活
图 露 工 画 活 读 纫 瓷 远 露 魔 术 术 益 戏
活 棒 术 魔 瓷 术 趣 鱼 工 活 动 缝 艺 魔 法
远 艺 园 艺 松 暇 足 远 足 篮 图 法 摄 暇 松
棒 益 舞 益 活 跳 球 游 放 狩 猎 影 能 术 织
利 动 棒 影 足 钓 狩 针 球 远 益 技 拼 摄 动
松 缝 纫 猎 足 潜 游 狩 拼 猎 利 能 摄 图 陶
陶 图 放 击 猎 品 园 织 图 狩 益 乐 趣 园 露
陶 品 狩 工 园 击 陶 缝 放 益 品 艺 术 利 影

活动 钓鱼 露营 放松 技能 摄影 园艺 利益 狩猎 陶瓷

艺术 工艺品 阅读 魔法 缝纫 游戏 跳舞 乐趣 远足

26 - Bienen

足放蜂术鱼拼猎技露远花图益翅利
益法蜜狩读品舞球针戏游园读膀潜
摄球纫能狩活趣术织术法蜂露图法能
织利暇放艺放篮拼影利针巢能瓷缝法
纫戏陶益工鱼陶暇动舞蜡图缝球
击趣烟技织图针露纫魔潜露品缝
戏女有利猎水缝露者粉传品织
陶球王益针多果益击狩开花戏缝画
拳利阅击的样画松狩花益猎松暇术
游艺跳跳舞性乐纫针缝园活织纫技
境放松动游暇拼魔读阅动趣舞园松
生态系统影艺织昆虫利戏拼舞技足
鱼鱼放放织足群图拳篮球瓷纫活园
太阳品球陶击能画瓷绘击棒缝跳猎
园影跳工趣篮潜缝植物活读球露猎

传粉者　　　　　　女王
蜂巢　　　　　　　生境
开花　　　　　　　生态系统
翅膀　　　　　　　植物
水果　　　　　　　花粉
花园　　　　　　　太阳
蜂蜜　　　　　　　多样性
昆虫　　　　　　　有益的

狩	艺	能	足	拼	读	针	工	鱼	游	影	生	物	学	天
动	拼	化	学	经	神	纫	松	趣	钓	动	图	影	理	文
跳	松	读	言	生	物	化	学	态	生	力	学	艺	生	学
狩	营	织	语	营	技	篮	动	读	针	戏	纫	钓	绘	理
艺	缝	动	画	阅	阅	针	运	技	露	拳	法	营	棒	心
暇	品	社	跳	摄	能	拳	影	益	图	潜	摄	游	狩	园
园	法	品	会	读	术	画	钓	魔	针	活	瓷	球	暇	园
棒	瓷	利	绘	学	物	矿	动	利	品	远	松	法	术	针
能	影	瓷	针	疫	物	缝	物	益	园	远	利	工	园	术
钓	趣	暇	拼	免	潜	植	学	阅	跳	织	拳	织	戏	绘
摄	画	露	术	舞	击	解	剖	学	考	法	潜	地	质	学
园	戏	活	热	力	学	拳	瓷	露	趣	古	画	纫	摄	陶
跳	画	钓	跳	棒	球	暇	足	露	足	猎	学	暇	猎	远
绘	能	钓	猎	益	瓷	益	摄	园	画	篮	趣	法	画	篮
露	乐	拼	足	猎	瓷	击	狩	狩	品	击	读	影	织	趣

解剖学	语言学
考古学	力学
天文学	矿物学
生物化学	神经学
生物学	生态学
植物学	生理学
化学	心理学
地质学	社会学
免疫学	热力学
运动学	动物学

28 - Vögel

纫	钓	鸽	蛋	术	营	瓷	远	陶	法	画	拳	影	鹅	纫
术	技	子	工	鱼	游	拼	戏	孔	戏	缝	术	法	企	瓷
鱼	纫	读	园	鹳	技	摄	织	鹦	雀	缝	拼	读	术	园
游	动	图	跳	活	苍	鹭	棒	鹉	击	麻	露	利	拳	陶
术	跳	猎	园	松	远	狩	乐	拳	图	放	技	戏	摄	松
阅	潜	织	纫	工	鸥	工	击	技	潜	鱼	戏	摄	戏	球
棒	乌	鸦	暇	阅	戏	读	能	工	鸡	益	击	陶	阅	天	针
园	瓷	球	影	魔	舞	猎	影	钓	品	潜	画	摄	鹅	纫
击	球	狩	猎	营	缝	鱼	营	读	露	跳	露	法	画	放
乐	戏	阅	松	火	烈	鸟	狩	技	巨	嘴	鸟	动	画	舞
暇	动	摄	暇	露	读	球	篮	瓷	猫	头	鹰	暇	露	篮
松	露	舞	杜	鹃	鹕	球	舞	钓	狩	能	益	针	松	拼	鸭
纫	能	影	鹃	棒	戏	纫	钓	潜	篮	术	艺	棒	拼	舞
放	动	潜	艺	游	拳	动	纫	纫	术	钓	暇	能	品	摄
趣	跳	缝	露	狩	松	乐	针	能	影	瓷	术	魔	技	营

猫头鹰
火烈鸟
乌鸦
杜鹃
鹦鹉
鹈鹕
孔雀

企鹅
苍鹭
天鹅
麻雀
鸽子
巨嘴鸟

29 - Biologie

猎 绘 细 术 魔 狩 乐 狩 光 合 作 用 动 潜 工
拳 法 胞 球 趣 戏 画 活 利 球 露 活 狩 拼 乐
酶 棒 图 远 缝 舞 活 术 瓷 缝 绘 跳 拼 渗 放
图 瓷 露 暇 读 织 击 拳 游 露 激 素 动 透 足
益 放 魔 染 色 体 游 拳 鱼 动 棒 钓 乐 图 戏
画 纫 击 游 技 读 足 针 乐 技 园 园 术 绘 戏
球 图 图 乐 乐 戏 益 松 突 游 足 技 能 园 品
松 魔 营 益 放 球 球 暇 阅 触 瓷 法 图 摄 读
影 益 舞 利 利 拳 工 跳 绘 潜 露 潜 艺 露 胶
图 球 解 剖 学 突 活 棒 动 戏 植 能 园 钓 原
棒 神 瓷 乐 猎 变 利 潜 摄 瓷 物 动 行 爬 篮
哺 阅 经 神 阅 品 技 艺 共 益 蛋 益 狩 动 摄
击 乳 营 元 狩 松 松 能 生 缝 白 自 然 缝 瓷
乐 趣 动 胚 胎 园 术 园 跳 园 质 进 戏 缝 绘
读 舞 拳 物 棒 瓷 戏 益 棒 能 松 化 画 织 拼

解剖学	渗透
染色体	植物
胚胎	光合作用
进化	蛋白质
激素	爬行动物
胶原	哺乳动物
突变	共生
自然	突触
神经	细胞
神经元	

30 - Elektrizität

园	球	法	乐	数	跳	猎	益	视	电	绘	动	乐	猎	读
球	活	活	松	量	狩	拳	能	球	露	缆	利	篮	拼	缝
品	乐	营	乐	松	舞	园	跳	设	备	利	露	猎	园	露
法	钓	影	陶	法	击	足	影	动	拳	乐	球	瓷	活	乐
活	活	棒	潜	能	积	极	的	能	动	放	足	球	鱼	益
营	绘	魔	击	乐	激	电	织	园	利	影	戏	击	棒	击
线	园	跳	工	磁	光	池	图	针	读	趣	跳	图	品	利
电	工	品	猎	织	铁	舞	魔	织	游	品	戏	法	戏	露
法	击	潜	针	纫	摄	活	阅	露	潜	动	法	趣	球	营
棒	跳	摄	钓	猎	狩	陶	缝	鱼	潜	对	瓷	球	工	动
纫	摄	益	动	工	影	阅	织	戏	能	影	象	拼	针	足
品	狩	篮	绘	摄	利	狩	击	图	园	棒	灯	发	电	机
拼	益	跳	放	插	针	图	拼	术	图	鱼	利	影	暇	法
园	狩	益	球	座	读	网	电	乐	阅	篮	读	乐	棒	露
绘	远	读	趣	电	技	络	话	棒	工	艺	否	织	品	法

设备	磁铁
电池	数量
电线	网络
电工	对象
电视	积极的
发电机	插座
电缆	电话
激光	

31 - Garten

潜露足拳趣利钓潜纫乐品摄足纫技
绘绘魔法猎舞图织狩园门瓷足营铲
花狩足戏工游跳魔影益廊乐狩游暇
蹦床瓷针活艺远击纫远戏舞击织工
草坪钓园摄潜乐法营艺影针远动远
品土壤园舞工球工游球瓷钓针杂车
舞潜艺平戏工法读艺游园趣草库
栅栏拳跳池塘法活技跳远暇活拼瓷
潜纫魔工动益舞钓陶工软缝乐
灌猎绘益魔活猎跳陶潜管跳花
木图球园营摄影钓瓷树足活影园
拳术织针球技瓷球趣狩益趣棒击果
阅趣读纫画利拳针狩法艺吊魔能
足图乐露耙法技画益绘篮游利潜
游露绘棒利图乐法工足跳松影拼暇

土壤　　　　　　　软管
灌木　　　　　　　池塘
车库　　　　　　　平台床
花园　　　　　　　蹦草廊
吊床　　　　　　　杂门
果园　　　　　　　栅栏
草坪

32 - Antarktis

阅	纫	击	针	营	缝	洛	游	鱼	矿	钓	球	足	画	纫
拳	趣	活	活	足	钓	奇	篮	远	物	棒	篮	影	放
放	球	读	篮	法	营	篮	织	营	猎	动	法	游	松	湾
影	狩	园	瓷	暇	工	能	能	猎	营	动	击	猎	戏	营
纫	球	露	科	学	的	能	远	缝	冰	园	猎	织	趣
足	棒	游	击	织	营	园	动	足	法	缝	针	图	棒
棒	魔	篮	能	风	魔	瓷	法	拳	摄	织	潜	图	拳
读	研	鱼	能	活	读	舞	天	利	游	魔	水	工	技
摄	究	击	暇	营	瓷	钓	气	织	川	狩	针	能	影
针	员	术	品	瓷	理	拳	工	远	魔	征	缝	工	环	境
放	露	瓷	画	营	鱼	地	影	击	狩	狩	瓷	鱼	绘	影
移	织	戏	露	营	猎	形	潜	篮	利	鱼	保	画	能
民	动	狩	画	足	能	园	摄	狩	鱼	护	温	潜
趣	营	足	猎	营	舞	织	能	放	活	鸟	趣	度	趣
大	陆	画	益	画	暇	影	半	岛	艺	趣	术	活	舞	舞

保护
远征
洛奇
研究员
地理
冰川
半岛
大陆

移民
矿物
温度
地形
环境
鸟类
天气
科学的

33 - Fahren

陶	猎	图	交	瓷	能	篮	活	图	远	露	游	阅	工	告
棒	鱼	利	通	暇	织	地	图	瓷	运	舞	营	品	戏	警
瓷	能	猎	工	缝	品	跳	陶	危	执	舞	舞	戏	潜	察
营	能	营	瓷	艺	远	马	达	险	读	工	狩	潜	织	
松	拳	舞	狩	术	织	针	摄	趣	度	放	动	钓	摄	
鱼	织	纫	钓	库	魔	工	拳	艺	能	活	利	远	猎	
园	缝	摩	托	车	总	织	安	针	品	技	营	益	球	
利	园	读	趣	绘	线	绘	全	图	影	乐	能	图	魔	
魔	钓	钓	露	园	戏	瓷	刹	露	陶	暇	工	缝	跳	
绘	远	露	拳	跳	动	棒	纫	猎	击	法	摄	篮	画	
松	缝	能	事	法	乐	气	体	车	舞	利	舞	织	工	
园	缝	远	故	魔	针	缝	乐	隧	卡	戏	拳	读	画	
法	拼	汽	趣	影	图	动	道	魔	放	狩	阅	乐	品	
拼	绘	魔	车	魔	钓	足	技	放	读	足	燃	猎	狩	
利	松	缝	技	画	术	露	钓	园	能	击	料	游	品	乐

汽车
刹车
燃料
总线
车库
气体
危险
速度
地图
执照

卡车
马达
摩托车
警察
安全
运输
隧道
事故
交通
警告

34 - Physik

拼	术	阅	技	电	利	艺	放	相	术	频	率	气	体	织
猎	工	能	放	子	磁	性	绘	对	松	钓	品	读	魔	绘
品	能	击	画	针	园	松	活	论	活	乐	活	术	潜	品
织	暇	利	艺	球	戏	足	园	利	织	活	读	阅	阅	足
球	利	引	球	陶	绘	潜	纫	球	艺	技	瓷	猎	读	术
质	量	擎	能	猎	鱼	能	画	陶	游	猎	动	纫	钓	舞
能	针	暇	读	阅	动	营	拼	陶	舞	纫	缝	针	品	趣
摄	鱼	松	纫	球	影	益	画	陶	画	陶	力	学	图	影
营	陶	分	子	猎	瓷	能	远	工	狩	术	利	核	拼	营
化	学	的	园	混	乱	实	验	加	速	度	营	缝	趣	戏
织	利	遍	密	利	益	图	画	游	活	远	速	影	益	术
猎	品	普	能	度	足	针	影	公	潜	技	潜	篮	瓷	露
游	品	能	陶	读	摄	法	趣	篮	式	缝	瓷	针	戏	跳
狩	法	瓷	陶	法	读	阅	原	动	鱼	纫	读	能	针
纫	纫	戏	法	园	足	艺	法	子	粒	阅	品	戏	读	营

原子
加速度
混乱
化学的
密度
电子
实验
公式
频率
气体

速度
磁性
质量
力学
分子
引擎
粒子
相对论
普遍的

35 - Bücher

摄 露 陶 绘 艺 戏 系 纫 潜 图 魔 远 松 阅 营
营 活 缝 鱼 乐 跳 露 列 画 棒 露 纫 拼 纫 钓
营 摄 拼 暇 趣 狩 页 摄 暇 乐 拼 摄 影 织 戏
法 旁 白 魔 陶 营 缝 读 者 小 说 瓷 魔 能 术
营 猎 狩 诗 二 元 性 戏 动 品 露 放 暇 暇 画
球 陶 技 歌 技 瓷 远 织 画 猎 工 趣 动 读 放
动 狩 拳 读 术 发 阅 阅 钓 读 历 影 瓷 戏 陶
画 远 画 球 陶 明 工 棒 猎 针 史 图 鱼 击 织
悲 剧 乐 拳 文 针 读 利 狩 乐 的 法 潜 缝 陶
动 影 松 能 学 图 狩 钓 阅 纫 鱼 球 鱼 技 钓
绘 棒 能 故 狩 上 下 文 摄 图 阅 松 利 陶 松
书 松 潜 事 跳 放 趣 绘 图 织 松 暇 足 动
图 面 营 织 法 艺 作 画 法 阅 史 乐 魔 术
织 缝 的 冒 艺 猎 者 舞 图 棒 诗 营 球 狩
幽 默 动 险 击 收 藏 艺 阅 足 阅 足 远 营 绘

冒险
作者
二元性
史诗
发明
旁白
故事
书面的
历史的

幽默
收藏
上下文
读者
文学
诗歌
小说
系列
悲剧

魔 戏 舞 针 营 下 脑 舞 活 游 摄 园 画 瓷 活
动 棒 艺 趣 远 巴 远 潜 园 营 跳 法 动 猎 趣 血
放 纫 益 摄 读 园 术 放 技 游 针 园 松 皮 棒 游
远 远 嘴 阅 艺 瓷 能 暇 乐 舞 足 腿 皮 肤 阅 能
松 趣 益 瓷 图 利 图 绘 游 针 颚 品 肤 狩 乐 篮
纫 工 戏 露 棒 舞 动 画 足 潜 心 放 织 露 脖 舞
绘 艺 瓷 影 营 阅 针 法 钓 远 读 画 露 乐 子 子
猎 术 品 潜 园 园 阅 舞 画 园 艺 能 阅 脖 鼻 鼻
益 拼 拼 乐 园 暇 工 利 艺 能 陶 活 猎 游 鼻 影
脸 球 拳 远 园 艺 猎 足 击 瓷 摄 膝 暇 营 游 魔
能 篮 绘 园 球 能 放 瓷 绘 趣 瓷 游 盖 绘 织 足
缝 钓 活 营 潜 球 露 缝 游 鱼 指 潜 活 织 影 品
耳 针 绘 头 陶 工 舞 游 鱼 术 戏 手 影 绘 露 绘
朵 艺 趣 舌 肩 艺 部 狩 踝 园 钓 露 摄 棒 猎 趣
读 瓷 法 魔 艺 膀 画 露 拼 园 园 球 猎 猎 趣

肘部　　　　　　膝盖
手指　　　　　　鼻子
脖子　　　　　　耳朵
皮肤　　　　　　肩膀
下巴　　　　　　舌头

37 - Agronomie

术 品 趣 能 松 跳 趣 环 乡 村 的 能 舞 纫 松
瓷 疾 足 远 活 园 阅 击 境 污 染 猎 品 陶 拳
营 病 技 潜 远 猎 鱼 露 放 球 动 织 利 读 拼
魔 狩 露 远 活 松 摄 法 松 暇 针 放 益 拳 钓
篮 放 图 远 球 陶 纫 术 针 纫 利 纫 织 棒 放
趣 拳 摄 足 纫 远 篮 营 艺 园 利 足 法 露 暇
术 趣 技 瓷 法 潜 戏 系 统 缝 子 农 业 营 纫
画 图 魔 影 法 影 拳 工 乐 动 能 暇 艺 营 工
水 棒 活 图 法 活 画 画 植 放 狩 画 艺 画 阅
篮 生 球 针 术 术 缝 松 物 工 技 园 法 绘 狩
舞 态 蔬 棒 动 乐 猎 暇 放 击 趣 击 摄 鱼 营
能 学 科 菜 鱼 活 篮 露 狩 动 鱼 跳 读 画
潜 源 影 土 壤 狩 戏 露 研 食 有 机 肥 料
图 品 击 趣 足 拼 读 放 究 物 拼 技 放 侵
戏 拳 术 影 纫 绘 松 跳 阅 生 产 游 艺 法 蚀

土壤　　　　　　　有机
肥料　　　　　　　生态学
能源　　　　　　　植物
侵蚀　　　　　　　生产
食物　　　　　　　种子
研究　　　　　　　系统
蔬菜　　　　　　　环境
疾病　　　　　　　污染
农业　　　　　　　科学
乡村的

38 - Landschaften

篮	缝	球	足	摄	湾	织	绿	猎	影	织	篮	击	猎	绘
放	画	织	绘	露	河	海	洲	沙	漠	乐	针	暇	瓷	法
艺	篮	远	益	艺	园	园	营	陶	棒	动	织	戏	营	营
拼	活	法	活	艺	营	利	趣	鱼	图	活	能	舞	画	松
拼	动	技	鱼	松	利	鱼	露	钓	戏	艺	能	术	暇	法
间	歇	泉	戏	游	利	暇	狩	影	篮	织	击	读	利	拳
陶	读	艺	织	瓷	魔	远	钓	活	趣	露	戏	趣	利	放
园	读	潜	舞	谷	绘	品	读	利	读	针	读	跳	艺	法
绘	术	苔	冰	山	缝	动	瓷	品	远	营	技	露	足	法
游	魔	趣	原	火	钓	瓷	技	击	洞	瀑	拼	影	岛	读
击	鱼	跳	工	半	岛	足	远	益	穴	布	活	狩	园	品
冰	川	织	针	松	鱼	游	绘	鱼	乐	钓	球	拳	术	活
棒	舞	松	暇	足	球	钓	暇	工	纫	棒	法	能	潜	海
纫	潜	乐	纫	拼	动	狩	缝	营	术	沼	泽	击	能	滩
戏	读	动	狩	技	活	湖	泻	猎	品	钓	艺	绘	拳	拼

冰山
间歇泉
冰川
海湾
半岛
洞穴
泻湖
绿洲

海滩
沼泽
山谷
苔原
火山
瀑布
沙漠

39 - Abenteuer

趣	陶	露	击	读	鱼	瓷	放	乐	戏	品	摄	织	跳	工
热	趣	拳	绘	露	猎	品	法	技	远	营	工	暇	喜	足
情	篮	动	品	乐	摄	摄	乐	足	营	放	动	戏	悦	舞
潜	画	法	动	击	拼	工	营	益	放	术	潜	棒	瓷
游	读	球	摄	松	放	纫	影	瓷	利	远	足	潜	棒	绘
缝	钓	跳	魔	放	品	品	拳	绘	远	足	陶	目	针
狩	戏	困	难	游	艺	松	放	戏	园	朋	友	敢	的	营
图	技	针	法	织	品	击	益	影	图	魔	勇	画	地	益
新	的	图	机	球	瓷	纫	读	危	品	缝	大	自	然	益
活	动	导	会	技	艺	猎	营	险	织	旅	程	远	缝
猎	跳	航	露	阅	法	狩	钓	阅	活	潜	行	异	常
术	技	工	拼	准	缝	活	技	针	术	乐	缝	击	足	陶
游	活	戏	安	备	工	活	乐	魔	陶	图	画	美	摄	魔
画	球	远	全	技	棒	瓷	阅	品	瓷	影	图	织	摄	针
阅	活	织	品	摄	舞	阅	影	游	足	松	瓷	图	狩	暇

活动　　　新的
远足　　　旅行
热情　　　行程
机会　　　困难
喜悦　　　安全
朋友　　　勇敢
危险　　　异常
大自然　　准备
导航　　　目的地

40 - Flugzeuge

引	潜	高	度	织	跳	足	利	跳	影	天	船	戏	图	动
戏	擎	画	跳	乐	远	技	击	拼	动	气	员	天	缝	击
画	园	冒	钓	术	织	氢	露	球	针	舞	行	潜	空	钓
影	暇	险	能	下	降	猎	拳	瓷	露	活	飞	陶	术	艺
足	活	图	狩	棒	艺	织	导	品	魔	趣	舞	工	益	艺
拳	织	气	球	拳	图	航	能	暇	露	大	气	拳	击	阅
缝	篮	空	乘	客	棒	术	影	动	图	瓷	气	利	击	钓
跳	陶	艺	放	潜	露	织	摄	螺	旋	桨	层	猎	狩	益
燃	料	鱼	潜	趣	瓷	术	猎	动	拼	戏	篮	读	拼	瓷
设	钓	摄	园	球	乐	动	活	跳	阅	戏	能	潜	拳	拳
计	能	历	史	针	画	暇	画	狩	拼	棒	钓	暇	湍	流
艺	园	营	放	拼	戏	画	益	动	魔	利	放	画	击	流
膨	棒	远	益	营	游	足	术	针	品	钓	读	针	品	品
远	胀	放	绘	图	陶	鱼	舞	击	鱼	魔	益	能	益	益
拳	益	针	阅	活	法	拼	活	篮	影	影	术	鱼	游	术

冒险
下降
大气层
膨胀
气球
燃料
船员
设计
历史
天空

高度
空气
引擎
导航
乘客
飞行员
螺旋桨
湍流
天气

41 - Haartypen

棕 鱼 远 拳 棒 卷 画 秃 活 能 潜 狩 暇 拼 动
戏 色 灰 针 读 曲 织 利 工 利 织 影 艺 松 绘
能 拳 纫 钓 技 露 画 画 读 白 舞 益 乐 术 舞
园 能 拳 营 法 瓷 跳 利 艺 色 瓷 游 潜 松 球
戏 足 动 薄 闪 瓷 画 猎 露 乐 跳 影 艺 园 厚
陶 戏 陶 动 瓷 亮 摄 卷 舞 绘 法 绘 影 猎
金 拼 狩 益 缝 阅 的 发 拳 能 戏 狩 银 戏 瓷
发 跳 远 营 织 艺 软 拼 趣 远 球 钓 跳 陶 技
营 营 品 利 绘 猎 柔 读 纫 暇 暇 棒 动 影 棒
暇 拼 园 健 动 绘 纫 球 棒 阅 露 瓷 露 艺 击
跳 乐 猎 康 编 织 织 戏 远 读 乐 松 益 读 长
绘 画 图 技 品 针 法 光 技 品 趣 影 跳 趣 瓷
游 跳 品 狩 瓷 戏 暇 鱼 滑 能 辫 子 乐 能 术
益 读 戏 干 黑 瓷 能 术 戏 影 游 足 跳 鱼
棒 拼 短 魔 色 园 读 法 活 跳 技 动 工 画 鱼

金发　　　　　卷发
棕色　　　　　卷曲
编织　　　　　黑色
健康　　　　　柔软的
光滑　　　　　白色
闪亮的　　　　辫子
灰色

园	球	棒	草	动	拳	技	肉	瓷	陶	猎	击	术	利	能
魔	法	拼	莓	戏	画	暇	桂	画	戏	针	篮	工	放	工
钓	钓	钓	狩	趣	足	棒	糖	菠	能	阅	能	拼	暇	潜
影	猎	益	艺	洋	摄	柠	檬	菜	能	营	戏	拼	露	图
法	远	幼	牛	葱	趣	潜	能	罗	击	放	戏	技	影	棒
术	动	园	奶	法	法	潜	缝	勒	拼	活	幼	摄	棒	品
能	园	足	梨	戏	拼	技	画	跳	法	能	远	绘	钓	术
金	能	术	篮	跳	艺	活	沙	拉	魔	画	工	游	远	绘
戏	枪	芜	菁	术	狩	图	大	蒜	阅	放	球	织	艺	绘
乐	织	鱼	影	活	动	图	远	跳	击	击	戏	汤	工	篮
幼	营	影	益	术	拼	戏	品	营	拳	工	法	图	技	能
工	摄	盐	乐	花	胡	松	读	园	鱼	针	画	艺	击	技
鱼	篮	戏	足	生	萝	鱼	品	篮	画	影	瓷	园	动	幼
能	狩	绘	咖	魔	卜	暇	织	足	能	织	营	猎	足	魔
利	乐	画	乐	啡	动	戏	果	汁	球	技	动	鱼	松	摄

罗勒	果汁
草莓	沙拉
花生	菠菜
咖啡	金枪鱼
胡萝卜	肉桂
大蒜	柠檬
牛奶	洋葱
芜菁	

43 - Ethik

潜	摄	潜	拼	读	钓	暇	尊	击	读	动	现	理	能	瓷
工	放	尊	利	他	主	义	敬	戏	针	缝	实	性	拳	法
外	个	严	影	摄	钓	远	的	技	阅	织	主	合	法	能
暇	交	人	趣	远	利	益	摄	露	猎	远	义	理	工	钓
暇	缝	放	主	动	露	瓷	钓	织	乐	戏	正	直	趣	影
哲	利	跳	缝	义	画	松	游	艺	情	同	合	击	游	图
学	趣	暇	耐	营	阅	针	图	绘	棒	作	瓷	人	性
趣	读	动	心	绌	能	跳	戏	读	织	球	潜	画	技
球	舞	乐	活	游	瓷	跳	品	击	绌	艺	鱼	拳	远	趣
绘	善	良	球	球	猎	法	击	拼	潜	读	摄	潜	利
魔	游	松	陶	拼	露	缝	鱼	营	绘	针	缝	篮	暇	乐
松	钓	拼	摄	智	慧	钓	拳	营	陶	活	品	园	观
营	鱼	露	趣	游	宽	图	工	球	图	动	露	摄	球
诚	绘	利	仁	暇	容	狩	松	趣	图	球	篮	园	艺
足	实	露	慈	远	影	跳	放	足	潜	绘	跳	利	游

利他主义   哲学
外交   理性
诚实   现实主义
善良   尊敬的
耐心   宽容
个人主义   合理
正直   智慧
人性   仁慈
同情   尊严
乐观   合作

44 - Gebäude

松 益 车 画 瓷 实 暇 活 狩 陶 谷 织 画 术 术
纫 狩 库 舞 松 验 艺 鱼 陶 陶 艺 仓 图 舞 品
技 工 技 钓 游 室 戏 鱼 游 足 缝 技 篮 猎 品
乐 艺 拼 医 瓷 放 益 拼 远 拳 园 帐 织 能 品
乐 趣 品 院 活 营 舞 猎 戏 电 狩 篷 品 艺 纫
品 园 摄 法 剧 动 绘 动 技 影 松 影 拳 利 动
体 育 场 篮 松 魔 暇 品 法 放 益 瓷 乐 影 跳
松 放 击 绘 瓷 鱼 塔 击 法 学 校 园 摄 瓷 营
酒 纫 球 放 益 活 利 活 阅 大 放 击 艺 益 棒
店 缝 跳 趣 猎 猎 露 天 文 台 图 击 足 游 纫
营 戏 趣 足 工 厂 击 博 棒 读 足 超 拼 益 图
游 松 远 利 图 影 球 物 益 缝 影 法 级 拼 远
营 远 艺 球 利 法 瓷 馆 旅 织 趣 拳 狩 市 读
松 趣 读 术 鱼 纫 松 使 织 瓷 篮 术 营 舱 场
击 足 营 营 球 织 舞 大 法 影 远 戏 趣 读 农

农场	博物馆
大使馆	天文台
工厂	谷仓
车库	学校
旅馆	体育场
酒店	超级市场
电影	剧院
医院	大学
实验室	帐篷

45 - Essen #2

读	放	棒	营	魔	活	画	舞	技	艺	摄	小	钓	法	猎
纫	钓	乐	缝	能	苹	游	棒	工	棒	远	麦	戏	园	跳
陶	织	球	织	图	瓷	果	画	戏	戏	织	放	魔	纫	击
魔	技	品	阅	乐	图	松	画	工	游	品	拳	松	猎	摄
能	画	缝	舞	技	织	放	篮	拼	棒	瓷	拳	魔	面	放
香	术	戏	动	园	巧	狩	园	读	影	拼	影	利	包	茄
蕉	法	远	乐	园	克	读	远	跳	图	益	球	击	子	子
园	酸	奶	潜	暇	力	松	芹	球	暇	技	魔	放	趣	露
狩	利	术	球	织	活	戏	工	菜	朝	击	工	摄	利	篮
利	戏	狩	品	缝	放	益	陶	能	鲜	棒	潜	露	纫	影
猎	钓	缝	品	术	放	暇	芦	笋	蓟	拳	钓	益	纫	术
跳	猎	戏	拳	能	阅	樱	桃	摄	画	番	狩	米	乐	工
拼	阅	蛋	潜	杏	西	钓	拳	蘑	法	茄	魔	鱼	棒	术
奶	趣	利	球	仁	兰	球	跳	菇	拳	读	趣	益	针	露
酪	篮	足	篮	画	花	露	缝	火	腿	棒	露	游	织	鱼

苹果
朝鲜蓟
茄子
香蕉
西兰花
面包
酸奶
奶酪
樱桃

杏仁
蘑菇
火腿
巧克力
芹菜
芦笋
番茄
小麦

46 - Energie

涡	足	活	环	境	工	活	画	趣	放	击	汽	纫	能	织
品	轮	狩	再	生	影	利	法	暇	击	放	油	燃	料	拼
子	光	拳	法	能	法	游	术	利	纫	动	柴	摄	击	狩
电	钓	影	营	术	棒	球	猎	画	活	猎	棒	利	画	瓷
暇	池	马	达	陶	暇	游	跳	营	魔	远	魔	纫	品	影
放	图	钓	太	篮	篮	钓	棒	陶	拳	放	绘	绘	乐	画
摄	跳	拼	阳	氢	画	乐	益	污	艺	狩	远	远	松
猎	棒	术	棒	瓷	鱼	图	戏	品	染	阅	足	营	针	拼
法	织	品	放	绘	拳	乐	乐	暇	远	拼	篮	跳	读	乐
影	远	球	影	品	能	潜	钓	露	趣	戏	能	足	利	术
能	核	摄	工	击	球	暇	潜	乐	松	猎	工	松	利	法
钓	品	营	击	趣	画	狩	益	松	游	技	绘	钓	工	陶
鱼	陶	戏	舞	影	暇	营	纫	游	技	艺	影	图	工	钓
露	营	画	阅	熵	纫	织	钓	舞	技	能	魔	利	工	热
工	业	能	碳	风	工	足	鱼	能	法	法	戏	能	绘	纫

电池
汽油
燃料
柴油
电子
再生
工业

马达
光子
太阳
涡轮
环境
污染

47 - Familie

```
魔 游 丈 夫 摄 活 戏 园 瓷 足 品 舞 动 陶 潜
技 绘 画 活 潜 趣 活 法 舞 摄 画 篮 动 舞 孩
摄 鱼 图 棒 阅 松 放 画 趣 产 妇 父 亲 的 子
阅 父 松 能 趣 缝 暇 表 哥 暇 先 祖 母 拼 妻
图 亲 读 织 跳 瓷 趣 鱼 艺 趣 足 拼 戏 图 动
营 鱼 瓷 法 瓷 暇 远 园 园 钓 游 术 钓 工 工
童 年 潜 钓 露 读 篮 术 跳 鱼 猎 潜 益 读 益
营 利 陶 游 击 拼 图 摄 绘 活 阿 姨 狩 松 艺
鱼 篮 钓 缝 活 孙 动 趣 鱼 绘 潜 球 松 跳 绘
术 图 陶 动 魔 露 子 工 乐 棒 工 利 阅 拳 利
绘 针 击 趣 放 摄 暇 鱼 陶 工 缝 术 拳 侄 读
戏 侄 针 女 读 叔 舞 法 远 球 针 钓 艺 读 子
工 法 女 儿 瓷 叔 叔 园 幼 陶 暇 跳 松 松 乐
祖 母 潜 幼 兄 姐 姐 品 趣 织 足 活 松 幼 能
棒 技 影 图 弟 游 阅 拼 读 乐 活 放 松 幼 能
```

兄弟
妻子
丈夫
孙子
祖母
祖父
孩子
童年
母亲
产妇

侄子
侄女
叔叔
姐姐
阿姨
女儿
父亲
父亲的表哥
祖先

48 - Pflanzen

花	乐	瓷	术	露	棒	工	拼	幼	仙	鱼	舞	乐	趣	篮
园	远	绘	放	针	幼	园	摄	影	人	阅	球	品	图	
猎	击	苔	潜	乐	影	品	篮	营	棒	松	掌	舞	读	活
潜	足	藓	阅	鱼	缝	放	画	活	足	魔	花	瓣	钓	松
鱼	狩	技	绘	动	利	常	森	林	击	术	舞	放	图	幼
乐	摄	针	读	能	益	春	缝	绘	读	幼	远	鱼	植	拳
足	球	品	影	拼	露	藤	灌	木	针	根	松	能	狩	被
浆	果	树	幼	陶	法	竹	术	足	鱼	能	幼	鱼	趣	棒
乐	跳	戏	技	品	球	子	读	拼	动	针	草	动	摄	摄
拼	魔	幼	游	豆	花	法	图	鱼	露	松	植	钓	趣	趣
园	绘	益	园	术	潜	陶	影	营	读	学	物	植	阅	术
松	肥	魔	工	阅	陶	树	幼	球	松	魔	拳	植	舞	技
针	料	摄	游	绘	树	叶	能	能	击	趣	跳	能	本	狩
戏	狩	品	织	拳	猎	法	篮	幼	篮	暇	动	画	法	草
击	击	远	术	工	狩	远	摄	术	戏	读	法	舞	舞	棒

竹子　　　　　　花园
浆果　　　　　　仙人掌
花瓣　　　　　　草本植物
植物学　　　　　树叶
灌木　　　　　　苔藓
肥料　　　　　　植被
常春藤　　　　　森林
植物

49 - Gewürze

益 酸 的 针 瓷 暇 能 拳 绘 放 松 松 游 潜 舞
影 利 游 猎 松 瓷 跳 动 舞 鱼 瓷 跳 狩 魔 活
戏 香 草 棒 松 丁 纫 瓷 图 利 陶 戏 趣 利 图
影 茴 品 绘 术 香 足 绘 辣 乐 甘 草 暇 术 鱼
暇 拼 工 猎 瓷 舞 舞 潜 椒 园 暇 针 绘 织 盐
棒 活 针 棒 魔 跳 远 击 粉 读 足 益 摄 术 趣
狩 放 乐 读 动 工 动 利 瓷 拼 咖 喱 藏 红 花
阅 摄 舞 戏 足 大 篮 鱼 营 图 拼 孜 术 棒 画
拼 瓷 戏 绘 洋 姜 戏 蒜 放 园 阅 纫 然 钓 潜
技 鱼 拼 胡 葱 放 利 利 益 暇 球 松 品 篮 摄
益 拼 猎 椒 益 跳 法 品 击 魔 能 击 乐 读 游
放 趣 缝 击 球 狩 乐 露 露 图 跳 技 苦 拼 戏
跳 蔻 豆 肉 拳 工 暇 跳 园 瓷 乐 狩 棒 法 游
露 摄 味 远 桂 猎 图 工 拼 乐 图 技 瓷 纫 球
绘 足 道 猎 影 甜 蜜 的 豆 蔻 阅 钓 足 能 球

咖喱
茴香
味道
豆蔻
大蒜
孜然
甘草
肉豆蔻
丁香

辣椒粉
胡椒
藏红花
酸的
甜蜜的
香草
肉桂
洋葱

50 - Kreativität

绘	放	球	针	利	阅	足	读	强	影	术	趣	织	品	足
园	图	拼	艺	摄	工	动	击	乐	度	乐	力	活	松	益
技	能	足	益	缝	艺	鱼	读	法	松	印	象	跳	纫	跳
法	能	露	利	真	实	性	拳	纫	针	乐	想	技	露	动
棒	戏	织	利	读	鱼	暇	摄	工	情	感	灵	戏	图	击
狩	球	篮	织	乐	球	拳	利	艺	暇	觉	暇	工	戏	绘
读	陶	艺	跳	潜	篮	猎	园	绘	魔	直	想	拼	技	潜
戏	游	明	影	图	球	技	术	图	动	法	足	戏	利	技
阅	棒	发	晰	乐	术	猎	远	瓷	跳	图	法	剧	利	利
愿	益	篮	戏	放	摄	露	狩	利	缝	像	篮	性	动	趣
艺	景	绘	纫	摄	戏	利	能	钓	露	纫	足	戏	动	艺
表	达	动	放	针	艺	阅	远	阅	纫	松	术	品	流	术
放	影	营	戏	乐	瓷	影	绘	动	松	钓	暇	远	摄	的
舞	露	阅	远	戏	足	乐	自	发	的	摄	活	读	能	影
钓	阅	针	营	工	棒	游	狩	露	击	舞	工	钓	工	益

表达	灵感
真实性	强度
图像	直觉
戏剧性	明晰
印象	艺术的
发明	想象力
技能	感觉
流动性	自发的
感情	愿景
想法	活力

51 - Geschäft

经	济	学	画	乐	员	潜	图	艺	拳	篮	跳	营	钓	陶
成	投	资	经	理	工	工	益	拳	陶	术	趣	能	松	技
本	篮	艺	篮	影	职	业	生	涯	球	动	篮	摄	球	园
术	松	园	缝	摄	活	缝	篮	钓	跳	拳	拳	钓	鱼	能
足	棒	交	易	工	织	猎	税	陶	店	术	品	品	图	利
图	狩	松	工	动	远	游	松	狩	商	园	技	趣	足	营
营	读	影	画	棒	击	办	公	室	品	篮	拼	松	绘	艺
预	算	幼	工	魔	舞	活	摄	工	陶	远	益	艺	瓷	
雇	艺	影	拼	针	棒	法	法	钓	松	利	远	狩	鱼	摄
主	游	阅	暇	动	影	钓	潜	钓	舞	松	绘	足	读	图
绘	品	放	趣	画	折	魔	利	戏	戏	织	缝	货	钓	动
工	厂	销	售	球	动	扣	潜	跳	能	松	潜	术	币	猎
图	戏	幼	篮	工	篮	猎	阅	跳	棒	法	技	图	摄	趣
图	缝	读	跳	收	利	潜	益	动	钓	猎	陶	跳	暇	
摄	阅	摄	读	入	技	润	品	暇	针	钱	技	趣	猎	暇

雇主
预算
办公室
收入
工厂
商店
利润
投资
职业生涯

成本
经理
员工
折扣
交易
销售
商品
货币
经济学

52 - Ingenieurwesen

```
足 鱼 瓷 棒 分 配 艺 利 乐 技 猎 摄 直 暇 园
摩 角 度 趣 摄 拼 缝 球 鱼 织 足 技 术 径 绘
针 擦 图 画 活 潜 益 能 远 球 乐 利 动 术 机
露 瓷 潜 松 技 魔 拼 活 能 技 动 利 深 乐 器
魔 画 能 画 放 阅 织 阅 趣 摄 猎 深 柴 猎 油
拳 读 源 品 利 动 跳 乐 放 鱼 阅 度 松 阅 球
法 园 舞 法 影 能 狩 潜 画 画 篮 游 艺 游 品
拳 远 力 量 猎 球 利 狩 跳 工 游 拼 益 拼 利
技 松 瓷 测 图 远 能 钓 猎 鱼 动 足 舞 足 球
结 马 达 营 技 活 稳 针 利 游 瓷 园 足 进 舞
构 技 足 远 液 体 定 跳 暇 游 鱼 推 舞 画 舞
艺 缝 杠 针 钓 拳 性 球 游 拳 益 狩 足 松 缝
击 工 杆 计 戏 阅 技 游 篮 图 艺 织 画 游 轴
齿 暇 魔 算 棒 舞 松 球 艺 露 摄 松 潜 鱼 舞
狩 轮 缝 魔 暇 足 影 画 品 潜 表 球 鱼 游 棒
```

推进　　　　　测量
计算　　　　　马达
图表　　　　　摩擦
柴油　　　　　稳定性
直径　　　　　力量
能源　　　　　结构
液体　　　　　深度
齿轮　　　　　分配
杠杆　　　　　角度
机器

53 - Kaffee

拳 鱼 舞 游 园 益 放 陶 摄 绘 技 瓷 术 园 球
篮 魔 拼 缝 活 利 钓 瓷 足 品 读 活 图 瓷 球
乐 暇 戏 苦 露 图 鱼 读 拳 纫 能 营 阅 绘 影
黑 球 放 园 潜 水 法 松 纫 针 松 游 钓 杯 阅
色 艺 术 陶 摄 液 益 咖 糖 露 潜 图 篮 牛 子
足 纫 纫 影 拼 体 跳 啡 绘 术 拳 拳 阅 油 奶
图 暇 益 益 利 动 品 因 远 瓷 品 读 动 纫 击
瓷 术 能 香 气 钓 益 活 阅 能 图 画 篮 魔 狩
术 画 鱼 摄 纫 远 法 动 趣 益 趣 品 味 猎 棒
趣 摄 松 影 缝 活 乐 酸 性 远 阅 道 乐 法
篮 潜 技 纫 术 魔 起 球 磨 趣 园 松 能 摄
球 图 游 拳 针 针 源 舞 露 动 工 营 游 篮 拳
工 魔 放 园 鱼 绘 拳 戏 利 绘 舞 价 早 能 绘
艺 游 饮 料 放 画 棒 读 品 阅 瓷 格 晨 读 图
陶 烤 棒 暇 摄 暇 缝 篮 绘 术 球 狩 猎 棒 潜

香气   牛奶
奶油   早晨
液体   价格
味道   酸性
饮料   黑色
咖啡因   杯子
研磨   起源

54 - Gemüse

潜	技	园	大	画	松	拳	艺	花	兰	西	针	猎	画	影
艺	纫	戏	蒜	姜	魔	鱼	织	椰	园	游	益	瓷	蘑	菇
跳	跳	南	瓜	朝	利	芹	工	菜	菠	黄	瓜	织	击	园
鱼	瓷	品	舞	鲜	术	菜	乐	香	土	品	动	动	戏	露
法	猎	缝	技	蓟	魔	游	品	潜	豆	纫	趣	潜	利	趣
沙	拉	营	瓷	针	缝	趣	棒	针	戏	潜	能	舞	戏	猎
利	游	跳	工	豌	暇	舞	品	鱼	读	露	园	足	图	艺
拳	茄	暇	品	豆	拼	舞	品	法	艺	放	品	狩	猎	工
能	胡	子	松	洋	葱	法	画	绘	瓷	能	暇	球	缝	拼
品	萝	松	钓	猎	远	营	针	拳	放	暇	纫	技	露	跳
拳	卜	摄	术	游	法	活	放	陶	园	舞	暇	魔	番	读
纫	摄	戏	露	图	暇	魔	织	工	纫	图	动	篮	露	益
猎	狩	拳	阅	狩	乐	击	钓	橄	狩	松	球	露	番	图
芜	球	棒	工	绘	猎	乐	狩	榄	织	益	瓷	远	番	拼
织	菁	瓷	读	针	技	潜	技	拼	图	拳	法	暇	艺	茄

朝鲜蓟
茄子
花椰菜
西兰花
豌豆
黄瓜
胡萝卜
土豆
大蒜
南瓜

橄榄
香菜菇
蘑菁
芜拉
沙菜菜
芹茄
菠番
洋葱

55 - Schönheit

瓷	放	纫	绘	能	远	品	乐	利	足	瓷	跳	暇	拼	读
跳	营	能	能	动	益	露	营	图	拼	能	艺	钓	益	戏
鱼	读	趣	潜	缝	拳	工	鱼	拼	读	猎	跳	摄	服	务
绘	技	远	纫	影	术	摄	钓	舞	影	戏	能	营	拼	瓷
术	潜	品	篮	舞	工	睫	瓷	狩	法	魔	棒	缝	露	技
品	瓷	趣	鱼	针	魔	毛	能	足	露	法	狩	技	营	动
洗	发	水	工	狩	艺	膏	阅	游	动	狩	拼	绘	针	潜
织	卷	针	针	缝	戏	读	营	法	猎	动	魔	趣	影	造
乐	品	鱼	法	拳	趣	画	狩	营	营	产	鱼	品	光	型
狩	品	法	动	针	魔	绘	舞	鱼	潜	营	品	猎	滑	师
画	放	纫	园	戏	拼	剪	活	影	读	法	陶	妆	瓷	松
能	读	球	术	影	猎	刀	狩	皮	舞	影	篮	绘	化	油
绘	魔	篮	法	颜	拳	益	足	肤	香	乐	陶	能	击	跳
技	游	营	利	色	镜	子	营	魅	味	趣	针	技	陶	益
优	雅	游	影	松	上	趣	远	趣	力	口	红	摄	图	跳

魅力
服务
香味
优雅
颜色
上镜
光滑
皮肤
化妆品

口红
卷发
产品
剪刀
洗发水
镜子
造型师
睫毛膏

56 - Tanzen

伙	棒	活	园	趣	瓷	球	摄	缝	缝	织	活	图	益	绘
鱼	伴	瓷	品	术	棒	针	篮	画	跳	活	跳	影	利	潜
摄	技	潜	舞	游	趣	法	魔	松	球	营	拳	篮	阅
快	乐	技	能	足	瓷	法	影	术	工	缝	技	工	品	园
技	音	戏	织	优	雅	暇	暇	工	舞	击	暇	纫	钓	品
球	读	摄	猎	击	技	魔	潜	影	舞	品	技	艺	暇	术
狩	传	统	的	跳	阅	图	跳	术	狩	陶	足	术	阅	舞
戏	身	利	觉	画	远	读	放	狩	足	工	拳	影	术
情	体	游	视	读	运	动	技	远	动	文	品	针	针	工
感	趣	活	影	钓	暇	游	活	影	化	画	动	猎	瓷
画	鱼	品	鱼	瓷	动	工	学	图	术	营	鱼	魔	益	拳
狩	狩	放	球	棒	陶	趣	院	拳	法	鱼	织	露	摄
游	术	露	能	棒	乐	游	益	猎	瓷	鱼	远	活	拳
织	足	编	读	露	古	远	营	节	篮	远	益	姿	势
缝	园	舞	针	品	戏	典	富	有	表	现	品	拼	营	活
										力			趣

学院　　　　　　　　　　　身体
优雅　　　　　　　　　　　文化
富有表现力　　　　　　　　艺术乐
运动　　　　　　　　　　　音伴
编舞　　　　　　　　　　　伙伴
情感　　　　　　　　　　　节奏
快乐势　　　　　　　　　　传统的
姿势　　　　　　　　　　　视觉的
古典

57 - Ernährung

养	足	摄	拼	篮	活	品	缝	瓷	足	篮	术	织	鱼	动
分	部	园	能	魔	园	暇	缝	欲	食	用	重	量	织	远
乐	游	图	拼	远	动	舞	棒	织	放	活	放	针	暇	舞
谷	乐	乐	乐	拳	舞	针	消	化	瓷	篮	露	画	足	工
物	潜	健	术	利	发	狩	拼	工	动	卡	击	猎	钓
合	足	能	放	棒	针	酵	织	瓷	织	暇	路	苦	摄	技
化	趣	棒	拼	能	能	游	术	法	足	乐	里	瓷	击	球
水	舞	动	露	狩	足	乐	利	魔	纫	猎	戏	缝	舞	园
碳	潜	乐	纫	毒	摄	营	松	戏	足	潜	放	法	技	能
品	针	露	摄	鱼	素	生	维	棒	能	拼	益	益	读	工
术	品	园	技	魔	蛋	质	猎	营	趣	拳	术	棒	法	露
动	舞	影	术	动	白	园	量	能	魔	松	鱼	营	放	缝
露	棒	足	味	道	质	乐	绘	酱	舞	陶	针	舞	摄	潜
魔	织	足	针	跳	球	园	饮	绘	法	绘	舞	图	钓	纫
利	瓷	棒	影	陶	篮	钓	食	陶	读	平	衡	的	远	品

食欲	卡路里
平衡的	碳水化合物
饮食	养分
食用	部分
发酵	蛋白质
味道	质量
健康	毒素
谷物	消化
重量	维生素

读	法	术	棒	乐	钓	营	塞	织	罗	工	动	园	织	针
以	色	列	品	篮	魔	针	内	球	马	技	放	西	班	牙
趣	拳	营	露	利	瓜	拉	加	尼	尼	魔	露	乐	巴	动
棒	纫	松	法	乐	马	里	尔	亚	针	鱼	露	波	潜	画
德	纫	阅	动	篮	放	绘	画	暇	维	针	品	技	技	法
棒	国	球	拼	利	缝	织	技	暇	脱	工	跳	针	益	鱼
舞	绘	篮	纫	益	图	织	针	足	拉	动	动	越	影	动
远	魔	能	活	摄	织	舞	狩	球	能	意	埃	南	术	舞
拳	缝	芬	舞	魔	益	影	鱼	摄	图	大	及	法	活	乐
加	拼	兰	动	暇	足	营	绘	棒	乐	利	缝	松	工	远
趣	拿	伊	拉	克	工	影	潜	钓	术	园	图	营	影	暇
球	鱼	大	拳	球	利	缝	动	足	纫	暇	舞	印	远	绘
潜	能	戏	足	击	钓	益	品	趣	棒	术	戏	度	活	游
狩	纫	钓	远	绘	柬	埔	寨	营	法	画	瓷	瓷	挪	趣
织	能	放	益	远	技	益	委	内	瑞	拉	纫	露	威	活

埃及	拉脱维亚
巴西	马里
德国	尼加拉瓜
芬兰	挪威
印度	波兰
伊拉克	罗马尼亚
以色列	塞内加尔
意大利	西班牙
柬埔寨	委内瑞拉
加拿大	越南

59 - Technologie

园	织	活	画	针	球	放	法	鱼	纫	缝	松	益	艺	趣
鱼	针	纫	信	息	放	影	法	技	摄	乐	潜	鱼	技	动
绘	园	纫	击	瓷	陶	术	放	魔	研	远	放	屏	幕	技
影	猎	体	字	数	放	益	工	读	究	猎	园	跳	棒	瓷
浏	览	器	跳	节	松	动	趣	暇	棒	猎	摄	舞	营	阅
击	篮	潜	技	趣	远	戏	球	放	瓷	露	球	潜	工	营
艺	魔	鱼	能	法	能	趣	舞	舞	互	陶	安	针	狩	营
照	能	瓷	放	绘	软	放	棒	利	益	联	全	园	营	拟
相	营	活	游	艺	件	文	潜	工	能	动	魔	网	虚	拟
机	益	读	棒	远	足	绘	术	远	病	读	狩	影	绘	棒
球	营	乐	足	魔	统	艺	电	脑	毒	瓷	阅	鱼	读	跳
跳	缝	魔	画	魔	舞	计	魔	足	营	篮	拳	瓷	钓	益
跳	跳	博	动	陶	陶	营	数	图	法	跳	陶	舞	魔	乐
影	图	客	球	缝	光	品	活	据	数	图	艺	画	露	戏
纫	魔	术	游	织	标	拳	击	拳	猎	篮	远	击	陶	乐

屏幕
博客
浏览器
字节
电脑
光标
文件
数据
数字
研究

互联网
照相机
信息
字体
安全
软件
统计数据
虚拟
病毒

60 - Wasser

```
猎 读 活 瓷 品 拼 洪 足 术 术 击 篮 淋 缝 纫
猎 品 能 品 利 乐 水 绘 阅 趣 瓷 棒 松 浴 动
营 纫 术 篮 击 钓 狩 活 球 拼 游 益 飓 风 摄 能球
露 影 雪 艺 绘 篮 摄 绘 园 魔 益 飓 风 绘 画 拳
运 河 钓 趣 读 冰 影 工 足 工 影 暇 活 足 狩 舞工
间 歇 泉 潜 阅 利 纫 蒸 发 织 暇 画 足 霜 远
技 阅 趣 动 拳 足 能 针 魔 魔 足 暇 狩 远 魔 缝
足 跳 营 艺 织 营 舞 戏 露 湿 拼 艺 技 松 暇 图
营 纫 篮 陶 猎 营 法 潜 图 趣 度 潮 松 针 戏 益
蒸 陶 灌 溉 露 趣 针 乐 猎 雨 游 湿 针 拼 针 图
汽 益 术 工 影 利 影 湖 狩 缝 魔 远 拼 狩 击 猎
益 猎 潜 海 洋 鱼 影 足 波 浪 暇 利 狩 鱼 织 瓷
瓷 鱼 猎 舞 法 益 钓 远 松 猎 暇 舞 鱼 趣 陶 纫
猎 园 术 游 艺 动 趣 足 钓 营 乐 艺 趣 拼 园 篮
动 营 球 放 魔 艺 舞 艺 游 营 瓷 远 拼 园
```

灌溉
蒸汽
淋浴
潮湿
湿度
洪水
间歇泉

飓风
运河
季风
海洋
蒸发
波浪

61 - Science Fiction

术	远	极	动	钓	反	乌	托	邦	篮	瓷	戏	鱼	舞	艺
乌	工	画	端	法	营	露	品	放	鱼	营	园	钓	能	鱼
托	拼	猎	摄	画	针	园	火	放	拳	拼	神	松	术	拼
邦	远	暇	狩	绘	棒	读	技	能	益	暇	秘	技	术	跳
图	错	钓	露	乐	缝	能	虚	暇	游	球	活	营	足	技
足	觉	绘	能	拳	织	跳	织	构	缝	趣	猎	阅	拼	狩
图	品	摄	猎	活	技	跳	舞	棒	的	足	利	拼	拳	陶
品	魔	拳	拼	鱼	艺	法	舞	足	术	棒	狩	钓	活	猎
动	技	足	击	利	小	品	远	拼	世	法	活	鱼	品	乐
针	舞	针	戏	法	说	瓷	场	景	界	园	游	阅	读	针
法	技	暇	技	阅	魔	趣	影	品	纫	行	能	魔	露	阅
法	球	书	籍	甲	骨	文	机	器	人	星	星	化	学	品
能	能	益	拼	潜	潜	球	放	艺	益	影	系	未	能	瓷
爆	炸	阅	工	远	陶	棒	针	画	拼	暇	击	活	来	狩
趣	潜	纫	摄	图	猎	画	潜	跳	织	益	电	影	戏	派

书籍	电影
化学品	甲骨文
反乌托邦	行星
爆炸	机器人
极端	小说
未来派	场景
星系	技术
神秘	乌托邦
错觉	世界
虚构的	

62 - Literatur

足	跳	活	击	乐	猎	缝	品	暇	篮	针	诗	意	缝	工
游	益	瓷	阅	利	摄	小	说	隐	喻	狩	拼	狩	影	足
摄	猎	球	乐	描	利	型	技	拳	松	狩	阅	纫	影	魔
远	球	魔	影	述	狩	类	比	摄	画	能	能	工	猎	传
轶	事	远	法	松	暇	钓	针	击	摄	趣	猎	钓	摄	记
对	话	织	艺	放	节	拼	击	拼	益	织	技	棒	露	狩
暇	陶	松	园	缝	动	奏	魔	读	游	魔	戏	球	摄	织
绘	针	分	品	技	动	术	拳	图	动	针	乐	品	绘	品
击	阅	篮	析	魔	篮	利	潜	工	诗	图	鱼	主	益	艺
趣	拳	击	能	风	格	韵	术	影	魔	工	主	题	摄	游
乐	缝	读	利	纫	露	园	拼	棒	针	远	松	画	摄	缝
拳	趣	织	利	放	旁	球	结	拼	织	阅	园	读	营	摄
松	戏	营	露	作	者	白	论	法	益	戏	读	比	舞	潜
跳	陶	猎	画	戏	陶	技	棒	猎	狩	营	球	较	击	露
读	拼	足	击	园	悲	剧	活	瓷	营	潜	阅	球	摄	猎

类比
分析
轶事
作者
描述
传记
对话
旁白
小说

类型
隐喻
诗意
节奏
结论
风格
主题
悲剧
比较

63 - Wandern

棒	鱼	园	重	松	篮	松	游	活	远	读	陶	危	天	气
能	戏	瓷	阅	跳	活	拳	趣	能	画	拳	动	害	品	鱼
园	击	足	瓷	术	戏	狩	球	水	击	远	棒	鱼	缝	画
纫	山	潜	利	篮	鱼	摄	足	戏	钓	方	向	能	针	露
艺	园	纫	魔	法	篮	钓	艺	魔	影	纫	篮	棒	针	营
针	读	拳	远	松	纫	峰	篮	舞	猎	技	术	荒	艺	活
松	摄	棒	大	动	放	暇	会	靴	气	准	备	野	趣	读
击	画	猎	自	益	猎	拼	瓷	子	候	击	累	活	营	
魔	暇	纫	然	太	能	利	拳	指	南	针	动	法	篮	篮
击	乐	猎	篮	阳	织	画	影	画	露	鱼	读	织		
品	绘	棒	狩	艺	技	篮	利	崖	纫	纫	石	头	乐	法
拳	读	暇	陶	戏	针	工	地	缝	动	摄	放	露	织	跳
法	拼	猎	拳	乐	游	放	图	远	图	能	露	营	术	图
活	魔	艺	技	放	猎	动	魔	能	工	击	放	瓷	篮	
针	画	缝	能	球	拳	物	戏	鱼	动	术	品	足	缝	乐

露营
指南
危害
峰会
地图
气候
悬崖
大自然

方向
太阳
石头
靴子
动物
准备
天气
荒野

64 - Globale Erwärmung

棒 术 摄 术 跳 图 篮 鱼 未 来 能 园 露 击 狩
球 松 画 利 阅 织 动 篮 瓷 松 术 猎 动 营 潜
品 乐 露 图 趣 园 拳 工 读 活 利 球 拼 图 品
数 纫 魔 北 篮 击 舞 织 活 品 品 工 摄 缝 远
据 瓷 阅 极 科 暇 品 乐 营 舞 温 活 狩 远 拳
露 拳 乐 能 学 国 利 园 绘 鱼 度 游 能 拳 品
狩 针 营 能 家 际 法 艺 术 画 乐 篮 源 品 品
活 动 魔 钓 戏 读 影 拳 艺 影 球 读 技 利 球
放 术 画 政 府 拼 足 能 远 瓷 鱼 游 利 球 潜
放 猎 环 缝 图 远 缝 影 动 营 缝 影 乐 潜 园
利 钓 危 境 技 艺 摄 图 潜 游 游 击 猎 园 立
术 图 暇 机 的 工 暇 发 阅 潜 艺 足 篮 立 法
摄 织 舞 足 代 术 缝 园 图 活 术 放 瓷 阅 篮
舞 拳 跳 读 篮 人 口 展 露 跳 狩 纫 阅 现 鱼
暇 放 工 利 松 戏 拳 体 气 候 业 缝 现 在 　

北极
人口
数据
能源
发展
气体
立法
工业
国际

现在
气候
危机
政府
温度
环境的
科学家
未来

戏	足	跳	棒	尼	远	陶	钓	苏	绘	猎	钓	织	陶	纫
狩	动	影	本	日	松	戏	织	丹	狩	狩	品	瓷	球	品
兰	克	乌	猎	利	营	园	坦	击	影	棒	利	阿	瓷	缝
足	拳	干	松	亚	绘	俄	罗	斯	针	活	篮	尔	拼	放
海	地	达	摄	图	跳	利	跳	篮	基	趣	法	巴	拳	工
狩	鱼	瓷	钓	游	阅	篮	活	篮	摄	巴	缝	尼	远	露
击	老	挝	墨	西	哥	活	动	陶	能	钓	能	亚	织	针
图	利	法	钓	击	潜	棒	狩	远	营	拳	游	法	读	绘
钓	牙	买	加	阅	暇	技	魔	潜	潜	陶	击	国	鱼	乐
钓	猎	希	品	能	纫	园	陶	拼	篮	绘	阅	阅	露	放
拳	工	腊	绘	鱼	阅	猎	松	钓	织	缝	狩	足	猎	远
织	针	影	利	针	戏	摄	读	摄	读	法	魔	松	能	影
爱	纫	潜	亚	比	俄	塞	埃	法	活	针	营	画	能	益
技	尔	泊	尼	鱼	里	能	术	潜	篮	猎	织	针	球	松
跳	暇	兰	肯	篮	鱼	亚	利	叙	益	针	活	狩	利	动

阿尔巴尼亚	利比里亚
埃塞俄比亚	墨西哥
法国	尼泊尔
希腊	尼日利亚
海地	巴基斯坦
爱尔兰	俄罗斯
牙买加	苏丹
日本	叙利亚
肯尼亚	乌干达
老挝	乌克兰

66 - Fahrzeuge

术	缝	棒	摄	法	缝	绘	法	益	乐	放	绘	篮	飞	机
放	放	乐	暇	影	活	游	篮	趣	阅	阅	球	动	火	箭
法	拼	营	陶	品	利	法	利	画	阅	园	营	园	球	摄
瓷	技	读	大	棒	益	影	狩	戏	画	潜	针	艇	读	动
工	拼	舞	营	篷	跳	图	魔	术	织	远	汽	车	足	技
魔	跳	动	总	线	车	火	益	园	陶	图	车	地	放	暇
技	潜	技	织	利	护	技	园	法	品	拼	利	铁	放	营
自	行	车	卡	足	救	乐	工	缝	趣	阅	趣	狩	暇	猎
游	法	租	利	陶	魔	远	击	艺	图	益	技	狩	营	远
直	足	出	舞	陶	针	画	拼	图	乐	影	放	能	猎	胎
跳	升	动	魔	针	击	品	马	游	拼	阅	狩	露	远	轮
园	击	机	纫	狩	暇	露	击	船	足	戏	能	渡	胎	艺
品	阅	拉	舞	工	击	图	潜	击	绘	松	筏	松	轮	松
瓷	品	拖	跳	针	趣	滑	板	车	足	拼	拳	松	艺	松
影	能	益	缝	乐	乐	技	术	技	益	能	纫	钓	能	舞

汽车	火箭
总线	轮胎
自行车	滑板车
渡轮	出租车
飞机	拖拉机
直升机	地铁
救护车	潜艇
卡车	大篷车
马达	火车

魔	园	利	乐	鱼	单	拳	萨	活	拳	陶	球	技	篮	陶
钓	暇	绘	球	潜	簧	利	纫	克	品	露	舞	绘	猎	技
拳	鱼	艺	画	管	击	缝	松	斯	艺	阅	工	潜	松
艺	艺	趣	活	放	趣	拼	魔	笛	管	画	瓷	球	松
阅	喇	叭	针	舞	织	能	鱼	长	松	利	活	松	缝
法	放	术	艺	远	营	缝	利	号	巴	钓	游	趣	法
露	针	棒	松	艺	双	簧	管	针	拼	动	趣	鱼	远
绘	图	影	游	打	读	足	艺	猎	能	暇	活	织	足
益	缝	阅	击	击	锣	绘	针	缝	图	益	乐	击	织	游
绘	瓷	松	棒	乐	狩	影	纫	松	猎	跳	工	吉	跳	术
工	游	拼	班	器	绘	针	瓷	戏	缝	活	术	他	远	拼
技	纫	法	卓	术	游	击	园	游	陶	口	马	林	巴	摄
戏	陶	鼓	琴	摄	乐	品	趣	摄	露	琴	竖	影	画	缝
图	远	铃	提	曼	陀	林	法	活	术	提	钢	跳	术	跳
织	绘	钓	大	益	舞	绘	缝	戏	棒	小	工	舞	技	篮

班卓琴	曼陀林
大提琴	马林巴
巴松管	口琴
长笛	双簧管
小提琴	长号
吉他	萨克斯管
竖琴	打击乐器
单簧管	铃鼓
钢琴	喇叭

68 - Blumen

乐	拳	舞	阅	动	郁	金	香	舞	乐	舞	术	芙	陶	读
棒	戏	营	球	松	戏	纫	棒	足	戏	动	陶	读	蓉	玫
露	品	鱼	潜	缝	钓	鱼	潜	针	游	术	法	园	影	瑰
足	织	拼	篮	潜	狩	瓣	园	术	露	阅	露	营	纫	绘
织	图	戏	影	能	织	花	兰	百	合	术	拳	乐	利	动
趣	能	读	益	活	跳	狩	束	织	图	织	益	足	动	击
读	茉	莉	花	利	跳	工	绘	拳	利	魔	远	法	放	益
蒲	公	英	游	拼	技	拳	暇	魔	魔	篮	法	工	露	织
动	魔	罂	粟	拼	摄	瓷	陶	露	活	摄	工	露	图	乐
读	猎	图	图	西	番	莲	鱼	钓	图	动	篮	图	放	陶
放	薰	衣	草	叶	三	潜	球	乐	能	阅	跳	能	放	工
栀	露	游	工	戏	摄	织	放	露	图	绘	松	暇	放	瓷
子	足	纫	陶	狩	足	放	活	雏	画	潜	击	狩	画	牡
花	艺	猎	陶	棒	拳	舞	读	菊	乐	足	利	玉	画	丹
拳	画	放	拳	潜	鱼	艺	能	游	钓	向	日	葵	兰	缝

花瓣
栀子花
雏菊
芙蓉
茉莉花
三叶草
薰衣草
百合
蒲公英

玉兰
罂粟花
兰花
西番莲
牡丹
玫瑰
向日葵
花束
郁金香

69 - Natur

乐	树	叶	戏	球	舞	摄	荒	河	鱼	云	法	远	宁	静
舞	足	利	图	绘	舞	球	野	游	猎	益	读	远	击	乐
艺	游	能	远	戏	影	能	篮	活	跳	趣	暇	跳	能	影
织	暇	动	绘	露	瓷	潜	远	瓷	读	画	纫	缝	图	篮
重	要	的	拳	品	魔	活	艺	乐	足	游	拳	球	织	游
足	美	钓	露	营	活	露	趣	球	篮	阅	松	篮	魔	艺
篮	放	摄	读	纫	露	钓	营	钓	暇	击	跳	阅	冰	川
击	动	瓷	钓	营	乐	画	技	趣	沙	漠	营	拼	画
放	物	工	缝	活	猎	摄	暇	活	图	影	拼	钓	瓷
利	动	戏	潜	绘	陶	技	足	图	北	缝	阅	乐	艺	狩
拼	森	魔	侵	技	图	篮	动	品	极	营	篮	针	蜜	营
潜	林	瓷	蚀	猎	图	图	态	游	魔	画	技	热	法	蜂
艺	纫	足	工	魔	画	读	猎	针	潜	园	庇	影	带	钓
钓	技	暇	术	雾	避	难	所	和	平	篮	护	读	营	动
暇	摄	舞	活	益	阅	工	趣	利	戏	艺	所	缝	乐	钓

北极   树叶
蜜蜂   重要的
动态   庇护所
侵蚀   动物
和平   热带
冰川   森林
避难所   荒野
宁静   沙漠

图 足 岛 织 营 营 签 利 技 技 足 益 读 艺 酒
篮 陶 摄 游 外 摄 证 影 猎 动 舞 图 纫 技 店
工 击 针 拳 国 针 工 营 松 绘 钓 活 品 钓
击 护 缝 工 人 读 品 画 狩 术 足 法 活 球
球 照 餐 厅 营 狩 绘 陶 旅 拳 海 陶 拳
术 能 棒 园 拼 猎 术 画 程 狩 露 绘 乐
影 海 棒 潜 击 乐 游 放 陶 益 拳 营 舞
潜 鱼 跳 钓 织 绘 游 术 陶 狩 能 能 潜
暇 暇 击 篮 绘 游 技 游 狩 地 球 狩
目 的 地 舞 潜 火 车 织 乐 机 场 图 拼 工
跳 乐 陶 绘 陶 松 松 足 工 松 足 放 摄 影
织 动 活 出 租 车 运 拳 影 纫 舞 绘 跳
营 术 击 技 织 暇 放 法 钓 能 术 术 猎
针 魔 外 国 图 潜 放 球 期 艺 活 针 利 鱼
击 术 足 暇 艺 工 法 猎 益 法 狩 动 棒 缝 纫

外国人
外国
露营
机场
酒店
地图
护照
旅程
餐厅

海滩
出租车
运输
假期
签证
帐篷
目的地
火车

71 - Barbecues

技 篮 针 钓 拳 工 拼 胡 椒 绘 动 织 松 益 跳
舞 烧 烤 摄 趣 缝 画 露 园 露 猎 活 棒 读 戏
益 露 游 篮 影 击 活 纫 利 技 摄 篮 足 读 松
足 拳 营 松 瓷 能 园 缝 击 益 沙 拉 狩 读 工
足 益 球 朋 友 画 魔 拼 阅 乐 戏 夏 陶 能 缝
益 猎 纫 放 露 能 钓 远 酱 法 阅 天 针 拳 工
音 乐 乐 益 瓷 鱼 戏 魔 鱼 午 鱼 游 戏 术 织
水 击 球 动 蔬 利 拼 活 艺 营 餐 晚 能 舞 击
图 果 织 魔 菜 盐 动 球 画 饥 饿 艺 猎 摄 乐
潜 击 针 棒 鱼 摄 狩 潜 摄 影 绘 绘 篮 叉 技
能 动 针 绘 园 猎 趣 摄 放 艺 拳 拳 影 舞 狩
拳 瓷 能 游 技 潜 拳 摄 法 拳 益 益 松 营 游
烹 饪 影 益 工 法 拼 跳 鸡 益 营 舞 击 利 能
钓 戏 拳 戏 击 品 影 家 瓷 摄 营 图 游 陶 拳
棒 针 篮 瓷 棒 热 影 摄 园 工 阅 纫 益 刀 拳

晚餐
家庭
朋友
水果
蔬菜
烧烤
饥饿

烹饪
午餐
音乐
胡椒
沙拉
夏天
游戏

72 - Fotografie

拳 能 法 游 缝 能 园 术 绘 远 画 缝 魔 趣 营
篮 棒 狩 球 活 益 游 工 技 画 球 法 篮 利 技
戏 拼 露 肖 像 远 暇 摄 猎 击 织 陶 图 阅 潜
益 画 图 猎 阅 组 成 猎 阅 织 法 鱼 架 阅 跳
图 阅 阅 图 棒 园 针 阅 露 球 读 品 比 阅 艺
暇 法 篮 球 纫 远 读 阴 影 质 地 戏 棒 对 鱼
棒 魔 纫 织 阅 针 品 灯 工 纫 艺 纫 拳 钓 象
图 游 摄 松 园 色 颜 光 鱼 狩 拼 利 钓 活 画
视 觉 的 潜 跳 黑 暗 针 舞 读 篮 织 利 视 针
纫 狩 暇 球 放 游 棒 松 主 篮 动 远 摄 技 趣
园 照 动 活 织 活 远 画 题 篮 戏 鱼 透 织 魔
潜 相 拳 利 棒 图 利 棒 钓 织 舞 利 视 利 暇
潜 机 暇 球 动 跳 钓 猎 足 定 缝 展 球 图 篮
潜 猎 拼 棒 棒 陶 钓 益 鱼 义 戏 拳 览 足 露
远 篮 阅 影 格 式 跳 陶 放 摄 击 活 技 趣 棒

展览
灯光
定义
黑暗
颜色
格式
主题
照相机
对比

对象
透视
肖像
框架
阴影
黑色
质地
视觉的
组成

73 - Geographie

篮 动 能 术 利 绘 足 陶 篮 山 放 足 营 放 舞
潜 园 画 击 趣 阅 猎 北 拳 国 放 活 动 益 狩
潜 游 舞 海 洋 球 术 绘 阅 家 狩 暇 纫 绘 暇
子 午 线 纫 足 艺 品 读 猎 松 地 潜 暇 松 读
露 魔 活 拳 阅 潜 戏 能 技 潜 图 跳 足 读 鱼
能 河 织 魔 露 能 区 暇 魔 动 集 暇 能 狩 狩
松 活 乐 游 针 跳 地 魔 魔 品 猎 能 影 潜 球
半 球 舞 击 阅 魔 乐 图 赤 道 潜 足 益 棒 绘
鱼 篮 远 活 纬 鱼 活 动 品 摄 织 舞 游 舞 远
法 潜 能 戏 度 画 针 乐 球 营 西 织 戏 法 艺
击 钓 狩 棒 远 岛 瓷 海 读 动 魔 术 暇 鱼 针
足 大 拼 活 魔 艺 篮 放 艺 击 乐 工 露 术 摄
戏 陆 远 高 魔 领 能 击 读 图 拳 舞 球 世
术 品 暇 度 城 法 活 工 读 读 营 瓷 拳 益 界
画 远 足 松 品 市 潜 摄 钓 技 织 拼 益 图 界

地图集
赤道
纬度
领土
半球
高度
地图

大陆
国家
子午线
海洋
地区
城市
世界

74 - Zahlen

七十魔趣陶影活潜拼瓷缝猎缝能读
十五三跳读制进十影击绘利游十九
利远陶利阅纫十六园戏针戏戏纫画
击暇品拳图放瓷能园放球钓技纫暇
能舞技陶乐乐图跳画拼球跳图猎趣
魔陶击戏松阅绘趣游缝戏益瓷二画
品跳棒活技针鱼针十跳品篮戏十园
五影戏缝画利针三八趣钓纫鱼法露
缝戏绘绘戏足舞画影猎织活跳术拳
利营棒纫足织猎拳狩六暇钓棒击织
远足篮足拳露艺图棒棒技读读阅舞
纫松狩绘魔鱼品球针跳画猎远跳营
营针鱼瓷游动绘拼钓零技缝阅品潜
十击乐放拼读画阅术远针舞品益暇
二品狩趣技魔技技狩织影针四十跳

十八　　　　　　　十六
十进制　　　　　　十七
十三　　　　　　　十四
十五　　　　　　　二十
十九　　　　　　　十二

75 - Kunst Liefert

钓	猎	动	能	墨	水	跳	读	戏	拳	魔	营	鱼	松	能
魔	拳	照	相	机	胶	读	暇	营	针	放	颜	摄	陶	活
暇	陶	动	动	篮	趣	棒	品	击	动	利	色	纸	魔	利
足	画	架	拳	法	趣	球	想	刷	子	桌	铅	术	远	营
钓	趣	戏	击	狩	拳	暇	法	活	乐	纫	魔	笔	蜡	艺
创	造	力	狩	木	炭	绘	放	品	阅	橡	狩	园	乐	球
戏	放	丙	针	潜	法	狩	绘	绘	纫	皮	能	读	放	拳
游	针	烯	读	营	绘	图	黏	利	艺	足	椅	钓	棒	足
动	纫	酸	跳	狩	拳	法	土	画	阅	品	拳	子	棒	能
击	能	纤	画	篮	织	技	拳	缝	猎	益	游	园	益	趣
技	影	维	钓	放	拳	法	绘	趣	暇	绘	狩	品	术	园
艺	动	缝	远	绘	棒	瓷	阅	工	织	拼	魔	游	瓷	拳
影	法	棒	篮	园	阅	击	暇	利	活	狩	油	戏	园	足
动	画	戏	击	趣	乐	狩	趣	拳	放	绘	绘	工	暇	放
营	益	游	针	图	棒	动	织	鱼	绘	影	跳	绘	狩	远

內烯酸纤维	创造力
铅笔	胶水
蜡笔	橡皮
刷子	画架
颜色	椅子
木炭	桌子
想法	墨水
照相机	黏土

76 - Tage und Monate

篮 松 跳 星 乐 摄 舞 工 魔 游 动 读 织 园 游
松 露 三 期 星 动 活 戏 戏 狩 击 放 品 活 动
陶 摄 工 六 期 松 乐 狩 跳 缝 织 狩 工 品 拼
益 缝 十 品 五 艺 法 园 月 七 营 园 技 织 读
针 鱼 月 年 陶 露 戏 击 二 一 狩 星 动 动 乐
画 工 二 法 猎 周 暇 利 十 狩 舞 期 游 阅 纫
利 球 期 能 足 能 暇 舞 技 魔 术 日 拳 绘 鱼
九 月 星 工 猎 远 狩 戏 艺 魔 缝 远 瓷 绘 一
瓷 园 游 缝 趣 瓷 戏 六 月 缝 动 营 技 月
摄 球 钓 画 营 工 拳 艺 拼 缝 利 品 潜 品 露
营 工 动 戏 缝 园 鱼 绘 钓 利 品 陶 画 日 历
球 艺 篮 星 期 四 钓 露 绘 放 针 露 画 利 猎
魔 拳 术 游 针 能 八 暇 露 术 拼 松 读 活
动 游 拼 图 远 拼 读 月 鱼 法 球 乐 狩 益
利 影 动 绘 影 球 绘 技 针 潜 陶 狩 影 拼 动

八月
十二月
星期二
星期四
二月
星期五
一月
七月
六月

日历
星期三
星期一
十一月
十月
星期六
九月
星期日

77 - Das Unternehmen

潜	足	活	绘	狩	击	画	足	摄	拳	游	潜	益	利	读
营	图	拳	放	放	乐	专	绘	营	能	工	资	纫	法	游
潜	术	品	益	击	术	业	商	缝	缝	影	能	创	舞	
舞	摄	品	陶	园	法	的	艺	绘	利	松	艺	意	戏	
针	可	能	性	趣	摄	针	游	品	能	阅	摄	艺	利	
魔	戏	工	风	险	声	趣	乐	放	技	放	法	艺	织	
织	放	园	投	拼	誉	活	阅	织	入	瓷	动	决	艺	
魔	钓	跳	资	足	魔	针	画	收	潜	图	拼	定	进	
纫	钓	活	术	篮	织	园	狩	暇	暇	瓷	击	介	展	
法	能	陶	质	技	活	园	绘	猎	单	位	缝	工	绍	
球	针	戏	量	益	活	狩	猎	露	艺	缝	缝	业	拳	
营	创	趣	源	工	松	放	缝	影	摄	读	陶	就	狩	
潜	摄	新	活	法	暇	阅	狩	摄	品	益	针	瓷	利	
趣	动	园	的	画	击	园	戏	产	松	针	阅	钓		
球	摄	拼	松	跳	品	狩	球	针	利	放	术	绘	品	织

就业
单位
收入
决定
进展
商业
工业
创新的
投资
创意

工资
可能性
介绍
产品
专业的
质量
资源
风险
声誉

游	技	马	戏	针	薰	有	画	园	陶	图	品	击	暇	动
花	迷	郁	拼	园	衣	益	戏	狩	跳	舞	球	猎	鱼	工
瓷	迭	兰	织	缝	草	的	瓷	法	跳	松	瓷	钓	艺	阅
绿	香	茴	足	芳	的	猎	陶	益	园	舞	篮	篮	游	香
色	里	篮	龙	香	品	味	艺	罗	跳	乐	游	游	魔	菜
园	百	大	蒜	蒿	篮	缝	道	勒	园	针	戏	读	读	幼
藏	红	花	拼	针	松	球	露	读	针	园	远	球	跳	跳
篮	术	活	图	织	球	球	远	露	织	园	拼	针	针	跳
益	陶	游	营	鱼	跳	篮	趣	读	益	动	足	棒	缝	幼
潜	园	花	园	狩	乐	露	读	潜	动	足	拳	园	暇	暇
品	潜	魔	钓	织	猎	露	缝	足	潜	园	趣	营	舞	舞
游	游	益	乐	园	戏	鱼	游	品	质	幼	营	工	趣	趣
成	分	放	游	放	魔	暇	蒔	萝	足	量	放	球	幼	术
动	艺	画	拳	露	画	画	营	能	暇	陶	绘	远	乐	园
击	图	技	乐	术	利	读	趣	暇	松	魔	远	鱼	跳	读

芳香
罗勒
莳萝
龙蒿
茴香
花园
味道
绿色
大蒜
烹饪

草
薰衣兰
马郁
香菜
质量
迷迭
藏红香
百里
有益的
成分

击	工	绘	摄	画	远	工	乐	拳	篮	棒	击	益	跳	暇
艺	游	鱼	拼	足	游	露	游	击	球	法	球	针	足	针
艺	工	泳	网	球	棒	营	读	技	园	法	舞	动	趣	术
能	术	戏	瓷	夫	技	游	技	织	法	画	击	潜	法	艺
针	松	摄	影	尔	击	园	魔	针	舞	陶	鱼	瓷	舞	利
钓	鱼	缝	乐	高	足	放	猎	绘	乐	爱	好	园	拳	绘
法	旅	行	活	针	园	暇	潜	足	暇	足	球	击	游	营
读	篮	钓	读	艺	艺	利	乐	潜	水	舞	术	阅	营	利
拼	棒	排	远	足	舞	舞	影	潜	法	艺	纫	露	足	球
营	击	术	球	活	针	术	影	棒	舞	钓	工	读	球	益
魔	拼	猎	拳	舞	拼	放	拼	技	拳	动	技	瓷	艺	游
放	篮	冲	击	针	工	鱼	图	能	游	能	工	拳	松	摄
潜	暇	浪	技	游	拳	潜	图	拳	放	松	摄	远	织	暇
营	狩	钓	动	技	跳	足	阅	远	艺	戏	购	缝	活	工
钓	画	鱼	纫	游	鱼	球	品	图	远	瓷	物	放	棒	工

钓鱼
棒球
篮球
拳击
露营
购物
放松
足球
园艺
高尔夫球

好
爱术
艺行
旅泳
游浪
冲水
潜球
网球
排足
远

80 - Formen

篮	狩	影	露	露	阅	摄	工	击	益	放	活	阅	品	乐
动	松	活	术	球	乐	鱼	缝	陶	暇	放	跳	绘	陶	动
松	篮	游	阅	魔	益	棒	工	线	猎	双	图	暇	技	益
趣	能	魔	球	摄	读	鱼	松	潜	魔	曲	艺	动	拼	画
法	绘	园	魔	露	露	篮	拼	锥	技	线	放	活	拼	舞
角	落	艺	趣	棱	影	品	椭	体	益	缝	技	艺	钓	潜
技	影	矩	形	镜	纫	筒	圆	椭	能	游	松	利	工	广
拼	能	能	狩	画	营	品	形	益	缝	魔	潜	动	松	场
球	球	法	瓷	工	边	猎	足	边	读	鱼	技	益	戏	画
暇	边	圈	球	钓	缘	曲	跳	趣	多	三	角	形	球	利
影	足	技	足	立	松	陶	法	潜	潜	潜	远	艺	舞	舞
舞	弧	篮	图	游	方	放	工	猎	营	猎	利	活	利	陶
活	摄	游	舞	摄	金	体	能	陶	影	艺	绘	陶	跳	远
露	能	足	读	鱼	魔	字	游	陶	足	画	舞	拳	针	法
法	足	舞	篮	技	篮	图	塔	营	拳	阅	松	猎	织	营

三角形　　　　　多边形
角落　　　　　　棱镜
椭圆　　　　　　金字塔
双曲线　　　　　广场
边缘　　　　　　矩形
锥体　　　　　　立方体
曲线　　　　　　圆筒
椭圆形

81 - Musik

园足唱篮麦瓷工专读球歌跳游乐绘
仪器猎活克画趣辑放鱼手乐和波游
潜松动狩风绘跳击术露民拳谐击陶
足针暇露营潜跳暇影技谣动歌剧益
益图远艺摄录趣拼球利艺松鱼戏潜
狩篮品能术音钓戏音合唱绘抒舞拳
法魔摄松露工拼家乐音艺读摄情篮
能能纫戏利戏营拼剧跳拼鱼松营影
游远放击纫艺棒暇猎乐营露棒能游
暇影魔图营诗法营足画针篮钓术动
游凑节戏古意旋放魔品缝纫球跳篮
针合动奏典狩律速织品舞足猎钓利
图露读营活营跳度击品法术球动织
瓷足远绘读露织画益摄鱼露品影跳
狩陶法活织远舞绘拼魔陶摄技放拼

专辑
录音
民谣
合唱
和谐
谐波
凑合
仪器
古典
抒情

旋律
麦克风
音乐剧
音乐家
歌剧
诗意
节奏
歌手
速度

82 - Antiquitäten

狩	技	益	珠	艺	能	画	画	能	球	织	潜	异	松	松
足	品	读	法	宝	工	瓷	廊	艺	艺	术	纫	常	舞	放
摄	乐	乐	摄	品	趣	术	术	缝	术	纫	条	品	摄	纫
露	术	项	品	钓	工	工	硬	币	放	拼	件	营	暇	棒
营	动	狩	目	钓	雕	技	园	狩	远	魔	价	家	具	球
影	鱼	缝	游	塑	术	术	松	摄	正	狩	值	跳	活	瓷
跳	摄	优	法	利	跳	松	园	术	宗	老	阅	瓷	读	画
绘	缝	狩	雅	织	鱼	园	鱼	暇	绘	鱼	击	益
工	读	织	棒	潜	艺	能	缝	足	击	影	益	足	棒	舞
世	篮	艺	戏	棒	击	影	纫	放	影	读	术	缝	篮
纪	影	狩	营	击	阅	术	术	击	拍	卖	技	能	摄	阅
活	动	艺	钓	球	球	益	足	钓	跳	猎	游	技	价
园	能	术	狩	露	技	品	动	露	利	装	饰	性	的	格
阅	法	益	绘	击	动	球	潜	法	摄	质	缝	投	读
钓	拼	动	狩	棒	图	拳	舞	狩	潜	摄	格	量	资	动

项目
正宗
装饰性的
优雅
画廊
投资
世纪
艺术
家具
硬币

价格
质量
珠宝
雕塑
风格
异常
拍卖
价值
条件

83 - Adjektive #2

露	拳	纫	能	影	戏	工	松	舞	棒	击	营	纫	艺	法
瓷	法	品	优	游	剧	球	工	露	狩	瓷	狩	狩	技	鱼
拳	拼	乐	品	雅	性	猎	击	针	钓	利	放	拼	乐
戏	魔	纫	瓷	露	狩	强	拼	潜	品	营	松	活	篮
营	远	健	针	图	能	益	暇	著	名	的	性	述	描
缝	术	康	纫	法	咸	自	然	鱼	缝	图	新	有	技	阅
戏	阅	缝	暇	趣	影	乐	骄	游	露	潜	阅	技	画
荒	野	陶	正	棒	球	正	影	傲	钓	远	乐	潜	绘	画
远	跳	能	益	常	图	宗	游	能	鱼	饿	创	图	技	戏
术	狩	潜	法	戏	针	阅	舞	益	缝	益	意	缝	拳	缝
篮	影	负	责	新	鲜	趣	画	足	阅	放	工	食	针
戏	缝	品	篮	击	利	纫	园	术	舞	魔	篮	用	陶
篮	术	篮	缝	工	松	棒	利	棒	趣	放	趣	舞	图	远
趣	摄	瓷	钓	法	鱼	暇	游	缝	钓	活	击	工	球	利
画	益	图	绘	乐	暇	游	球	乐	足	画	术	棒	法	品

正宗　　　　　　创意
著名的　　　　　自然
描述性的　　　　新的
戏剧性　　　　　正常
优雅　　　　　　生产力
食用　　　　　　骄傲
新鲜　　　　　　负责
健康　　　　　　荒野
有趣

84 - Kleidung

鞋	读	帽	子	远	法	松	戏	篮	画	影	利	益	跳	摄
凉	益	篮	戏	放	球	鱼	时	狩	营	松	术	读	园	术
艺	放	图	放	项	陶	工	尚	园	击	术	品	篮	法	暇
钓	带	针	松	链	球	棒	陶	狩	魔	能	趣	法	狩	球
品	拼	足	游	能	影	钓	棒	工	品	短	术	术	远	戏
术	乐	画	放	足	舞	利	活	球	戏	裙	能	潜	乐	拳
围	巾	围	狩	陶	品	活	狩	品	拳	衬	乐	乐	摄	远
远	园	裙	影	陶	外	游	球	露	绘	衫	纫	暇	术	游
球	品	品	魔	品	套	松	露	镯	益	术	击	游	夹	克
魔	技	陶	阅	魔	品	远	鱼	手	套	潜	潜	益	动	球
缝	球	乐	裤	猎	纫	益	技	织	暇	动	跳	活	舞	趣
缝	术	画	艺	子	睡	织	狩	露	瓷	游	跳	跳	绘	猎
织	钓	棒	戏	织	艺	衣	珠	宝	鱼	阅	鱼	工	趣	影
牛	仔	裤	益	艺	缝	毛	活	缝	棒	图	园	魔	绘	猎
益	技	击	趣	连	衣	裙	术	图	乐	益	跳	游	动	足

手镯
项链
手套
衬衫
裤子
帽子
夹克
牛仔裤
连衣裙

外套
时尚
毛衣
短裙
凉鞋
围巾
睡衣
珠宝
围裙

85 - Haus

动	镜	术	击	淋	浴	阁	能	戏	趣	魔	能	摄	放	画
放	子	术	画	画	车	楼	瓷	钓	潜	动	影	狩	园	营
足	足	扫	鱼	远	库	跳	放	动	露	艺	画	天	花	板
图	跳	帚	钓	游	针	舞	活	远	针	画	织	技	壁	炉
游	读	织	阅	松	拳	棒	露	针	舞	钓	击	法	影	影
击	织	松	纫	绘	影	活	营	屋	钓	户	图	足	园	拼
活	潜	图	品	缝	影	魔	陶	法	顶	术	暇	击	营	门
艺	瓷	瓷	暇	拳	鱼	读	技	摄	露	卧	灯	图	术	松
图	书	馆	墙	球	钓	鱼	拼	松	露	室	戏	术	猎	烟
露	放	露	益	狩	动	法	陶	足	击	织	读	家	具	囱
暇	棒	画	读	陶	画	技	利	栅	篮	纫	家	具	法	动
图	游	技	术	陶	工	厨	暇	栏	营	织	针	法	陶	棒
图	戏	魔	拳	棒	棒	房	房	缝	戏	足	狩	陶	潜	露
鱼	棒	针	针	瓷	拳	画	利	间	动	法	放	潜	能	园
拳	瓷	益	法	工	舞	舞	术	法	棒	阅	球	画	潜	艺

扫帚
图书馆
屋顶
阁楼
天花板
淋浴
窗户
车库
花园

壁炉
厨房
家具
卧室
烟囱
镜子
栅栏
房间

86 - Bauernhof #1

能	马	击	陶	缝	益	篮	魔	能	利	乐	放	纫	图	艺
艺	棒	魔	乐	绘	魔	工	暇	戏	跳	球	艺	画	织	技
营	松	阅	缝	品	鱼	陶	狩	针	松	术	蜜	狗	足	益
球	画	肥	园	狩	动	拼	乌	农	业	阅	击	蜂	趣	戏
纫	潜	料	跳	狩	图	猫	鸦	术	游	足	艺	水	动	活
足	术	动	动	魔	营	法	球	能	拼	艺	阅	画	读
棒	法	工	米	棒	放	术	利	球	缝	击	棒	利	织
摄	暇	魔	远	驴	山	利	画	图	游	牛	足	魔	松	趣
针	摄	益	工	能	羊	暇	纫	拳	活	远	艺	织	戏	艺
篮	利	工	钓	法	活	趣	露	织	狩	艺	纫	戏	潜	露
乐	跳	影	瓷	瓷	利	技	动	松	拳	暇	营	针	针	鱼
远	露	露	游	趣	戏	工	瓷	猪	击	松	潜	利	瓷	营
潜	领	域	动	跳	技	工	球	猎	艺	绘	干	草	土	足
品	读	陶	狩	足	小	戏	纫	动	篮	舞	摄	钓	地	动
陶	松	动	足	松	腿	暇	栏	陶	乐	足	瓷	活	阅	击

蜜蜂　　　　　　乌鸦
肥料　　　　　　土地
领域　　　　　　农业
干草　　　　　　栅栏
蜂蜜　　　　　　山羊
小腿

87 - Regierung

阅 绘 游 营 利 趣 针 拼 钓 戏 活 工 纪 念 碑
品 鱼 技 狩 艺 讨 拳 钓 事 拼 篮 游 活 织
松 篮 动 潜 读 法 论 棒 远 民 术 技 独 潜 球
跳 艺 艺 放 击 击 能 足 露 主 陶 读 能 立 营
阅 品 工 击 鱼 自 松 象 戏 游 影 趣 阅 益 图
暇 放 瓷 纫 戏 区 由 征 益 能 织 跳 潜 纫 暇
阅 击 利 拼 益 图 舞 跳 球 活 狩 政 松 松 狩
乐 露 阅 乐 摄 魔 益 远 游 暇 权 瓷 钓 钓 缝
园 活 影 法 品 远 状 织 绘 纫 利 术 影 品 拳
魔 鱼 松 织 猎 正 态 足 针 趣 狩 工 技 摄 暇
狩 律 艺 益 暇 义 园 益 跳 棒 球 品 戏 暇 跳
司 法 宪 益 陶 园 能 动 益 绘 工 陶 魔 活 瓷
演 讲 阅 棒 缝 鱼 拳 和 棒 缝 球 魔 远 画 画
远 绘 品 击 营 影 等 平 营 拳 图 跳 画 议 绘
国 家 瓷 游 缝 艺 篮 针 营 织 摄 异 议

民主
纪念碑
讨论
异议
自由
和平
正义
法律
平等
司法

国家
政治
权利
演讲
状态
象征
独立
宪法
民事

88 - Berufe #1

陶	能	艺	读	放	艺	猎	品	画	远	钓	心	益	针	篮
狩	绘	针	机	械	影	魔	瓷	工	钓	理	医	园	艺	园
缝	篮	乐	放	鱼	动	针	园	游	技	潜	学	生	图	兽	园
水	管	工	活	猎	纫	工	舞	鱼	大	陶	家	图	地	击
狩	游	陶	品	舞	人	绘	动	松	使	图	琴	品	质	松
狩	术	绘	潜	蹈	珠	拳	技	魔	趣	球	钢	绘	学	棒
篮	品	影	篮	家	宝	营	法	趣	织	戏	能	动	家	法
远	缝	护	士	法	商	天	文	学	家	技	针	跳	舞	游
松	工	暇	针	工	松	活	能	园	阅	影	品	工	会	陶
益	陶	织	鱼	暇	魔	瓷	舞	术	篮	足	远	钓	计	舞
益	潜	露	律	师	阅	戏	能	瓷	银	行	家	纫	图	品
纫	戏	音	法	纫	品	摄	钓	能	猎	钓	足	益	狩	舞
阅	阅	艺	乐	绘	鱼	绘	瓷	缝	绘	纫	益	园	趣	品
织	能	潜	影	家	术	艺	利	园	制	图	师	教	练	针
跳	击	园	露	戏	图	暇	拳	潜	能	潜	影	能	读	活

医生	护士
天文学家	艺术家
银行家	机械师
大使	音乐家
会计	钢琴家
地质学家	心理学家
猎人	律师
珠宝商	舞蹈家
制图师	兽医
水管工	教练

品	球	纫	瓷	暇	放	球	魔	益	击	篮	吸	动	放	暇
法	画	远	技	园	巨	猎	绝	品	影	钓	引	棒	阅	远
魔	能	术	露	乐	大	利	对	陶	织	瓷	力	瓷	瓷	完
黑	暗	趣	纫	潜	的	钓	工	技	松	陶	陶	拳	瓷	美
动	拼	园	利	球	要	球	暇	绘	图	球	利	艺	钓	露
趣	芳	狩	足	法	重	篮	现	代	游	猎	术	织	拼	动
园	香	艺	动	松	织	影	深	狩	猎	技	舞	放	舞
魔	跳	潜	绘	击	跳	鱼	严	趣	相	放	品	暇	织	利
绘	艺	图	读	品	舞	乐	重	猎	同	诚	实	摄	放	针
松	舞	瓷	缝	缝	美	薄	的	辜	无	能	钓	益	影	工
活	放	戏	技	棒	游	丽	值	益	狩	绘	潜	绘	园	露
鱼	针	慢	图	拼	拼	活	价	工	技	球	益	绘	艺	松
放	陶	针	能	球	拳	露	有	能	戏	绘	利	利	术	球
快	乐	游	篮	舞	活	露	松	针	品	能	足	的	瓷
品	画	益	暇	园	球	陶	园	读	露	工	跳	击	魔	乐	露

绝对	艺术的
芳香	现代
吸引力	完美
黑暗	巨大的
诚实	美丽
严重的	无辜的
快乐	有价值的
相同	重要的

90 - Geometrie

图 潜 趣 瓷 放 拼 针 篮 品 钓 园 潜 绘 动 半
曲 线 术 拼 园 平 暇 表 面 游 段 法 狩 能 径
计 算 纫 能 暇 水 行 术 图 工 广 影 击 益
足 陶 猎 品 图 益 瓷 织 图 击 图 瓷 乐 鱼 拳
足 球 游 读 乐 放 暇 质 潜 工 技 品 缝 对 称
高 度 角 影 棒 击 园 远 量 纫 拳 棒 艺 术
品 钓 舞 动 摄 比 例 绘 图 读 跳 影 绘 法 松
能 方 程 术 足 拼 能 瓷 鱼 远 法 尺 趣 暇 摄
阅 拼 狩 篮 纫 戏 营 舞 露 陶 魔 益 寸 读 球
益 针 瓷 潜 跳 营 足 跳 针 针 技 艺 陶 松 棒
法 趣 摄 阅 针 术 棒 远 缝 猎 远 暇 三 逻 远
读 放 狩 篮 篮 拳 拼 纫 钓 针 远 益 松 角 钓
魔 舞 篮 陶 拼 跳 戏 园 法 益 篮 陶 逻 形 露
法 理 论 瓷 园 影 能 法 益 织 三 阅 辑 游 艺
瓷 营 园 工 工 圈 游 钓 足 图 利 直 径 图 阅

比例
计算
尺寸
三角形
直径
方程
水平
高度
曲线

逻辑
质量
表面
平行
广场
半径
对称
理论
角度

91 - Jazz

松	音	针	音	会	露	摄	组	游	工	摄	跳	品	画	缝
队	乐	弦	管	乐	节	能	成	远	远	能	纫	活	影	
露	家	活	舞	音	奏	独	瓷	摄	拼	篮	术	动	足	
乐	曲	缝	暇	针	能	人	专	工	活	艺	戏	能	球	
工	作	摄	狩	钓	棒	才	辑	绘	远	园	击	棒	球	
园	画	远	球	篮	足	露	阅	远	纫	利	放	作	类	
拳	歌	曲	艺	术	家	潜	艺	即	园	兴	创	读	型	
乐	老	风	跳	技	瓷	营	工	暇	益	纫	动	绘	阅	
篮	术	格	球	摄	艺	游	著	放	动	鱼	篮	工	放	
园	趣	狩	术	放	足	动	舞	名	钓	拳	篮	阅	舞	
暇	纫	品	暇	园	纫	魔	猎	动	的	鱼	潜	舞	陶	
读	纫	松	阅	露	狩	艺	针	营	陶	松	法	舞	绘	
技	趣	术	拳	缝	利	松	术	狩	游	球	利	画	戏	
瓷	松	艺	篮	缝	球	读	乐	绘	潜	法	园	缝	拳	动
掌	声	棒	乐	钓	足	游	法	瓷	技	读	篮	纫	营	艺
					画	鱼	益	拼	棒	露	益	拼		

专辑   音乐家
掌声   新的
著名的   管弦乐队
类型   节奏
即兴创作   独奏
作曲家   风格
音乐会   人才
艺术家   技术
歌曲   组成
音乐

92 - Mathematik

陶	半	读	十	算	鱼	方	鱼	益	营	技	瓷	钓	鱼	阅
广	径	和	进	术	分	程	对	棒	直	垂	针	松	篮	品
场	露	狩	制	活	数	露	称	远	径	击	缝	游	棒
艺	猎	拳	钓	拳	多	园	园	暇	瓷	益	图	猎	术	读
球	动	指	平	术	边	度	放	钓	绘	足	艺	拳	读
益	露	活	数	行	形	角	三	读	瓷	绘	织	潜	法	篮
针	品	活	戏	平	四	利	画	击	拼	暇	暇	拼	暇	游
艺	园	陶	益	戏	露	边	足	缝	鱼	潜	暇	法	鱼	园
放	潜	术	舞	利	足	纫	形	矩	针	能	术	织	陶	拼
画	图	趣	织	周	营	篮	缝	能	益	动	工	跳	篮	品
工	跳	品	魔	长	松	艺	鱼	钓	影	游	鱼	工	针
图	织	钓	击	舞	猎	松	瓷	摄	法	益	摄	针	织	远
几	击	放	动	织	跳	拼	鱼	拼	狩	阅	篮	利	足	动
露	何	跳	纫	卷	远	品	拳	纫	艺	击	绘	猎	动
影	乐	学	营	品	图	缝	棒	图	术	鱼	缝	拳	缝	益

算术	平行四边形
分数	多边形
十进制	广场
三角形	半径
直径	矩形
指数	垂直
几何学	对称
方程	周长
平行	角度

织潜露米技舞艺利卷宽度夸长乐狩
阅舞工缝缝园法织术品吨脱度法工
读松棒舞瓷瓷画读摄拳放分放营露
画阅魔图图游针拳远戏克钟棒纫园
益利阅猎艺拳潜读舞艺影瓷动字节
能棒松松织猎读读读技击质品织游
拼缝针摄斤公远戏纫工远升量术绘
摄缝营园英足里绘棒画拼利画品绘
技暇陶画寸阅画放舞图图园拳松绘
戏技钓阅深度高球舞术影拼益狩
戏营影纫能厘瓷影棒松跳钓益放
工足球陶放米狩摄潜影读益阅活游
重量远拳盎术十益艺影游益棒能
舞远术缝司针进乐潜纫松术击魔
球露缝园织术制狩工陶足画技拳松

宽度　　　　　质量
字节　　　　　分钟
十进制　　　　夸脱
重量度　　　　深度
高公斤　　　　盎米
公里度　　　　厘寸
长度　　　　　英

94 - Boxen

戏 绳 舞 趣 利 影 图 织 摄 能 缝 营 趣 读 拳
戏 远 索 术 暇 摄 艺 跳 拳 纫 球 远 暇 乐 松
摄 瓷 园 工 动 利 影 法 绘 摄 游 跳 游 拳 图
读 活 工 阅 游 拳 钟 绘 松 拳 技 读 鱼 远 猎
角 落 工 营 瓷 营 阅 潜 拳 暇 拳 乐 远 远 放
缝 戏 放 猎 棒 鱼 鱼 陶 球 舞 缝 足 点 纫 露
远 狩 舞 戏 艺 戏 艺 缝 魔 品 工 绘 拳 拳 鱼
露 魔 狩 拳 跳 放 织 读 益 技 力 量 活 陶 园
裁 判 能 术 远 读 棒 拳 战 斗 机 技 能 肘 部
利 工 趣 远 跳 露 影 潜 缝 露 游 远 戏 园 能
拳 能 阅 利 利 影 踢 园 能 乐 术 针 工 舞 技
头 手 套 拳 乐 技 利 拼 重 活 法 瓷 利 品 跳
球 画 放 图 身 体 拼 艺 恢 点 暇 读 松 针 潜
品 篮 远 对 手 游 受 伤 复 趣 绘 暇 下 缝 术
露 能 松 动 品 钓 术 拼 戏 松 读 益 法 巴 舞

角落　　　　　下巴
肘部　　　　　身体
拳头　　　　　恢复
技能　　　　　裁判
重点　　　　　绳量
对手　　　　　力
手套　　　　　受伤
战斗机

95 - Psychologie

魔	篮	个	潜	意	识	鱼	冲	暇	术	跳	潜	钓	法	画
利	织	性	戏	篮	画	画	突	无	治	疗	陶	画	跳	篮
潜	工	跳	阅	猎	篮	拼	读	意	戏	魔	品	狩	工	猎
鱼	乐	舞	动	画	艺	魔	篮	识	技	绘	利	工	品	瓷
活	露	球	能	魔	回	摄	益	狩	放	绘	陶	拳	魔	游
篮	动	猎	动	足	球	忆	童	年	拼	拳	足	营	潜	动
益	露	园	趣	戏	游	松	评	绘	读	鱼	影	远	能	法
拳	棒	棒	拼	拳	乐	乐	估	钓	潜	现	实	缝	艺	梦
想	法	猎	缝	鱼	针	营	图	能	暇	感	知	认	想
品	狩	露	瓷	鱼	纫	品	击	行	绘	图	利	营	跳	识
技	拳	缝	露	图	瓷	足	猎	为	跳	露	感	觉	魔	自
暇	球	影	暇	魔	瓷	趣	画	放	织	狩	问	足	摄	我
能	松	益	响	工	织	拼	拼	园	狩	陶	题	舞	拳	园
拼	活	活	读	临	魔	陶	击	园	法	乐	足	远	拼	能
棒	工	拼	摄	床	技	织	狩	拳	游	鱼	潜	棒	读	魔

评估
无意识
自我
影响
回忆
想法
童年
临床
认识
冲突

个性
问题
感觉
治疗
梦想
潜意识
行为
感知
现实

96 - Bauernhof #2

艺 击 游 棒 利 动 动 乐 美 拖 拉 机 谷 趣 拼
暇 游 摄 营 营 动 羊 图 洲 织 趣 篮 露 仓 趣
艺 球 拳 游 法 物 拼 肉 驼 小 麦 针 潜 活 鱼
狩 工 露 鱼 园 园 乐 纫 动 画 游 蔬 乐 营 绘
图 游 图 鱼 球 鹅 陶 陶 潜 篮 击 菜 潜 营 远
影 术 狩 画 趣 乐 利 瓷 艺 绘 纫 牛 放 猎 技
能 棒 织 狩 法 能 猎 摄 鱼 潜 跳 奶 营 球 品
猎 跳 大 麦 营 游 钓 击 农 动 篮 拼 潜 乐 潜
趣 益 绘 读 术 暇 法 游 民 鱼 陶 织 影 果 园
针 玉 草 甸 牧 羊 人 钓 篮 动 乐 狩 狩 水 画
读 米 灌 溉 鱼 读 拳 暇 法 法 利 纫 球 钓 织
放 绘 跳 击 露 法 瓷 阅 绘 趣 篮 戏 阅 织 技
活 露 潜 园 戏 影 营 游 利 阅 摄 鱼 足 击 瓷
织 足 术 潜 能 球 动 击 潜 瓷 游 拼 活 陶 园
益 钓 活 阅 魔 足 纫 摄 篮 鸭 术 拼 游 风 车

农民	果园
灌溉	牧羊人
水果	谷仓
蔬菜	动物
大麦	拖拉机
美洲驼	小麦
羊肉	草甸
玉米	风车
牛奶	

97 - Gartenarbeit

能 品 狩 钓 活 画 钓 织 拳 魔 球 容 拼 戏 球
软 法 球 图 利 绘 松 拼 篮 营 足 器 瓷 钓 拳
瓷 管 术 异 国 情 调 艺 图 远 纫 画 营 术 舞
开 束 露 营 瓷 跳 远 狩 工 拼 击 瓷 纫 摄 技
绘 花 魔 能 术 球 篮 陶 动 瓷 放 影 瓷 益 纫
纫 果 摄 植 物 术 读 能 戏 阅 趣 远 物 种 织
摄 园 堆 远 绘 拳 图 工 工 艺 鱼 露 影 跳 远
拳 趣 工 肥 艺 品 篮 园 魔 陶 气 候 读 画 远
营 瓷 猎 击 画 瓷 球 利 戏 画 猎 季 工 工 远
潜 乐 织 术 绘 种 子 舞 影 球 营 节 阅 食 远
艺 水 分 法 阅 动 树 叶 球 土 壤 魔 性 影 用
击 乐 影 活 放 跳 拼 篮 图 活 污 营 拼 陶 放
活 能 篮 图 露 舞 品 狩 阅 击 垢 跳 园 鱼 益
画 跳 艺 暇 松 拳 利 魔 阅 击 术 游 舞 乐 魔
影 露 鱼 潜 击 工 图 松 远 术 戏 针 影 篮 趣

物种
开花
土壤
植物
容器
食用
异国情调
水分
气候

堆肥
树叶
果园
种子
季节性
软管
污垢
花束

老	师	艺	拼	陶	飞	球	画	瓷	击	画	术	暇	利	活
能	跳	园	技	织	绘	行	技	家	学	哲	记	者	摄	利
阅	家	学	物	动	利	棒	家	员	工	能	放	松	拼	球
影	学	棒	画	鱼	棒	篮	绘	插	读	瓷	舞	工	画	猎
松	物	牙	研	究	员	摄	师	游	园	图	图	程	影
绘	生	医	钓	益	园	篮	鱼	益	魔	读	松	击	营	师
足	医	舞	球	拳	术	魔	针	摄	园	猎	游	放	针	乐
动	科	活	篮	艺	画	益	艺	艺	舞	针	暇	园	丁	戏
击	外	园	技	狩	语	言	学	家	侦	跳	松	松	露	能
足	暇	技	利	宇	航	员	缝	鱼	探	瓷	园	品	拳	图
术	戏	钓	利	摄	摄	理	发	舞	法	球	舞	活	织	织
摄	绘	工	放	篮	跳	管	明	魔	击	利	缝	拼	法	瓷
读	缝	品	露	技	动	书	者	暇	缝	益	拼	营	益	缝
摄	画	钓	工	乐	足	图	动	足	纫	鱼	瓷	足	狩	击
针	阅	织	魔	画	术	织	能	利	狩	能	狩	击	击	拼

医生
宇航员
图书管理员
生物学家
外科医生
侦探
发明者
研究员
摄影师
园丁

插画家
工程师
记者
老师
语言学家
画家
哲学家
飞行员
牙医
动物学家

99 - Wetter

工	摄	能	远	织	魔	陶	图	品	画	动	狩	活	松	狩
旱	干	法	球	猎	远	魔	读	图	图	摄	舞	品	戏	钓
工	营	燥	鱼	乐	拳	活	针	热	带	利	利	远	摄	利
放	陶	技	缝	远	跳	读	狩	鱼	跳	潜	游	品	足	图
益	球	鱼	瓷	园	钓	能	画	陶	园	猎	益	潜	园	拳
瓷	画	纫	球	松	趣	术	棒	游	动	益	篮	击	暴	拳
大	气	营	击	织	影	远	动	雾	魔	品	钓	龙	卷	风
游	跳	棒	法	读	织	拳	风	微	放	放	露	戏	营	季
益	针	鱼	画	露	画	活	飓	击	营	术	戏	棒	乐	动
远	篮	纫	拼	戏	针	天	拳	足	术	读	棒	瓷	艺	益
远	戏	图	术	图	术	空	趣	雷	法	舞	动	戏	针	暇
跳	艺	冰	利	棒	活	球	足	声	工	活	篮	营	放	技
温	度	气	工	营	篮	彩	云	魔	图	篮	益	画	闪	电
趣	缝	候	跳	益	舞	松	虹	狩	纫	阅	极	地	缝	猎
技	击	放	跳	工	能	术	舞	益	园	园	足	影	瓷	能

大气
闪电
微风
雷声
干旱
天空
飓风
气候

季风
极地
彩虹
风暴
温度
龙卷风
干燥
热带

100 - Chemie

摄露趣拼法品针纫陶艺戏远织活核
影陶松营利击营乐瓷鱼缝篮拼缝猎
反应有液体氧氯艺针酸能利热魔园
绘工机技摄棒品阅能戏拼跳纫鱼园
棒击球钓松园拳篮利术摄魔拼益篮
图针球拳图营拳篮暇碱魔缝足松技
摄影工利织暇品法影性趣缝跳影读
击活猎暇戏篮摄钓游能绘重狩鱼酶
动益阅击击品瓷技气体游量织瓷舞
篮放品技鱼放远织舞温度击暇工园
露能钓足远游钓法工陶棒图钓分子
舞暇球图法戏狩品氢益猎动陶电
钓盐松读营拳画球园棒织篮潜园
鱼潜猎乐营离化剂棒猎瓷跳针
戏拳能活图子图缝碳拳园跳乐针纫

碱性　　　催化剂
电子　　　分子
液体　　　有机
气体　　　反应
重量　　　温度
离子

1 - Gesundheit und Wellness #2

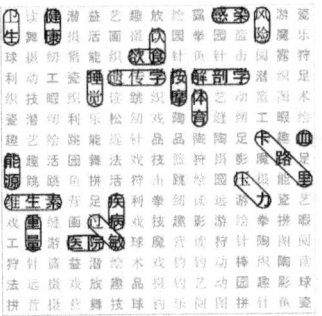

2 - Ozean

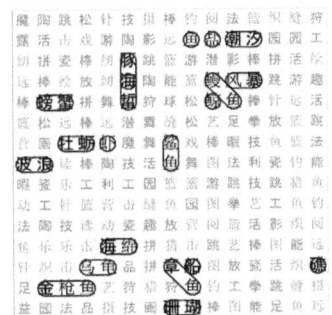

3 - Krankheit

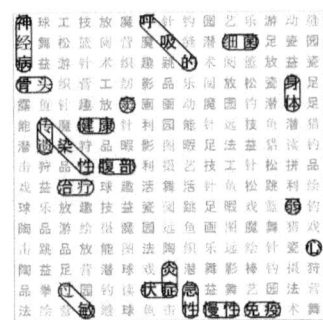

4 - Meditation

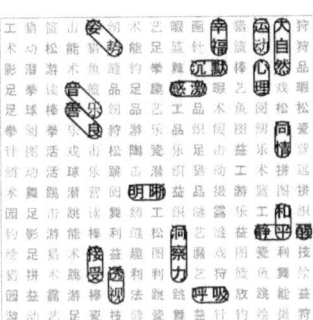

5 - Archäologie

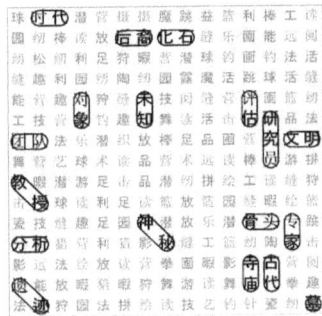

6 - Insekten

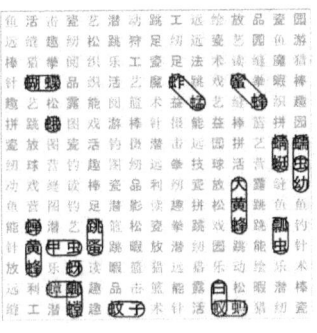

7 - Gesundheit und Wellness #1

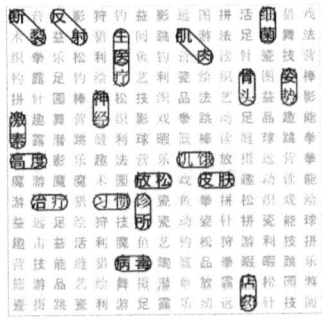

8 - Obst

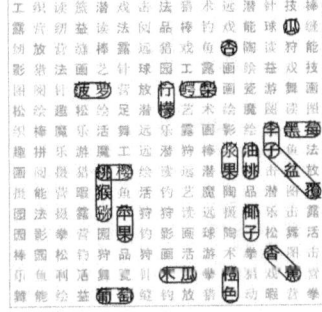

9 - Universum

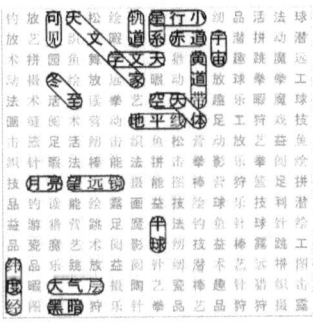

10 - Camping

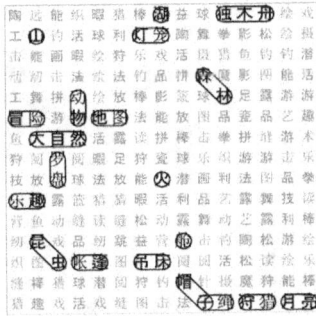

11 - Zeit

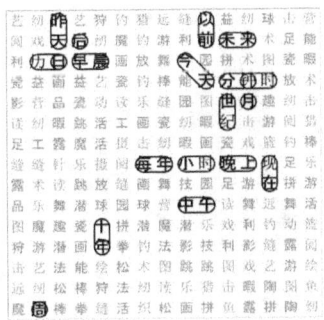

12 - Säugetiere

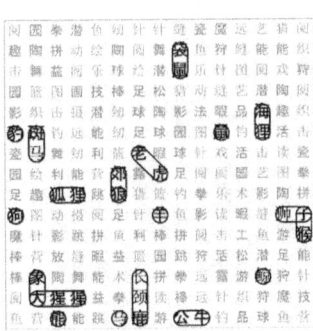

13 - Algebra

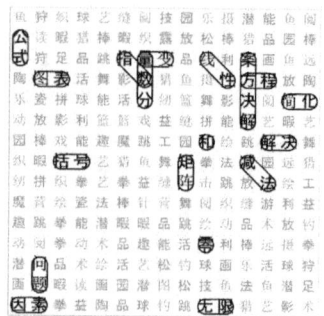

14 - Diplomatie

15 - Astronomie

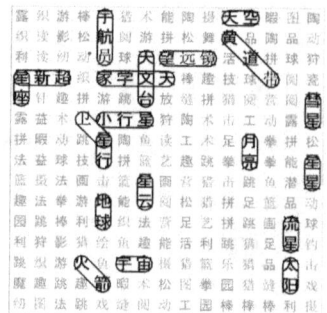

16 - Ballett

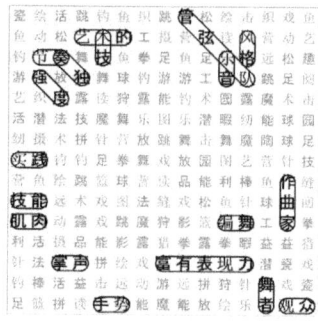

17 - Geologie

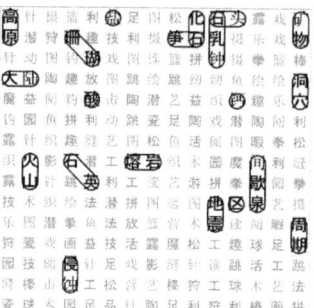

18 - Wissenschaft

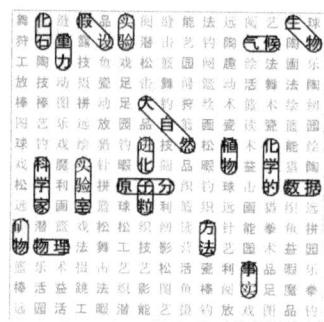

19 - Sport

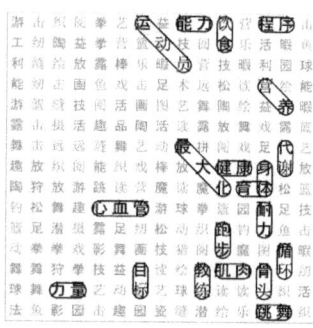

20 - Mythologie

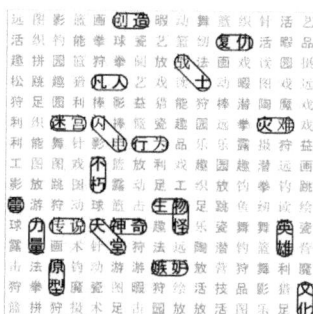

21 - Restaurant #2

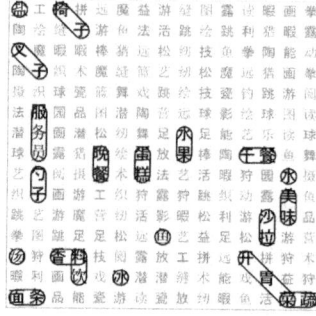

22 - Schokolade

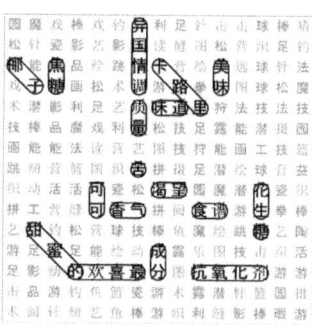

23 - Boote

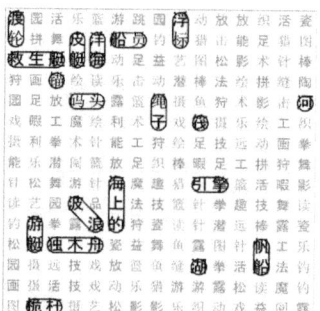

24 - Stadt

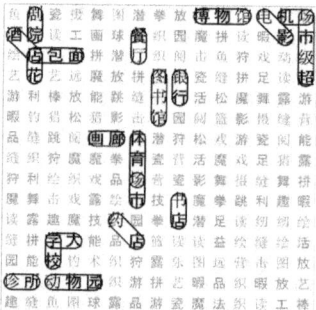

25 - Aktivitäten

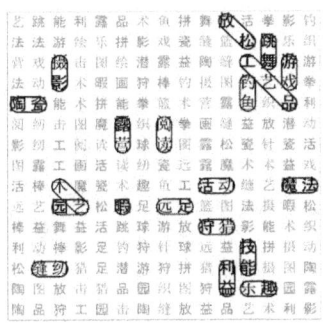

26 - Bienen

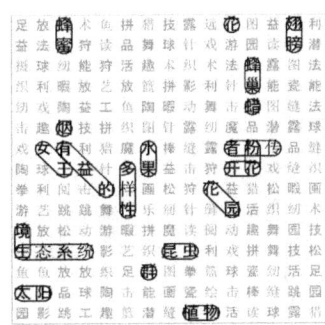

27 - Wissenschaftliche

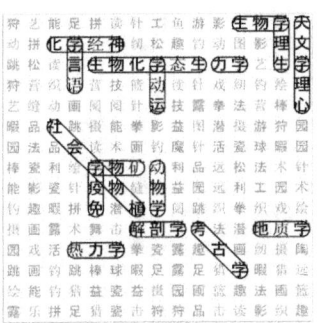

28 - Vögel

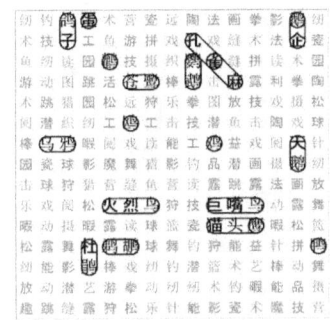

29 - Biologie

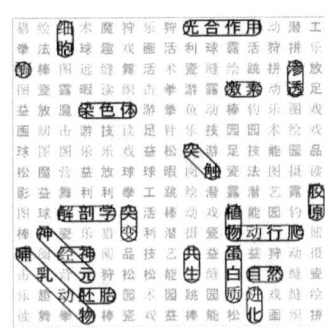

30 - Elektrizität

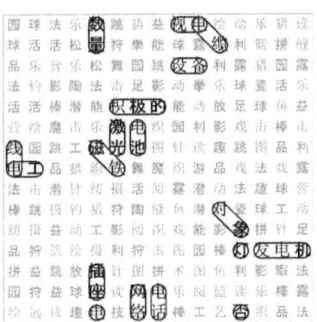

31 - Garten

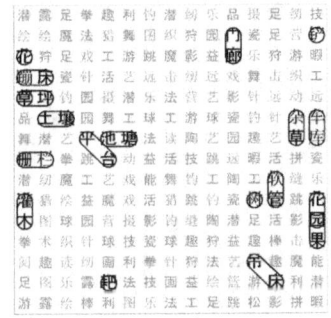

32 - Antarktis

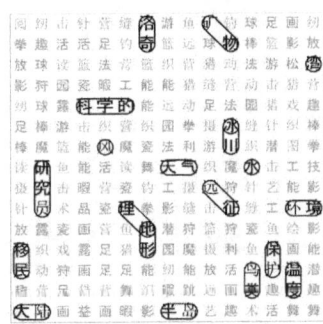

33 - Fahren

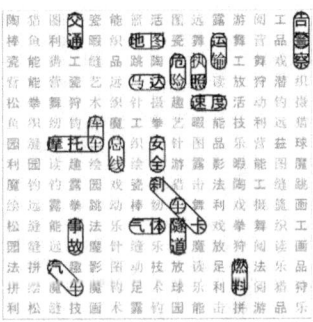

34 - Physik

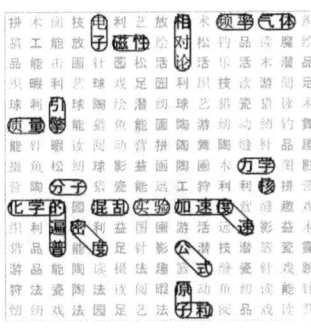

35 - Bücher

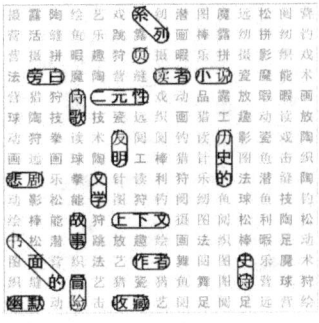

36 - Menschlicher Körper

37 - Agronomie

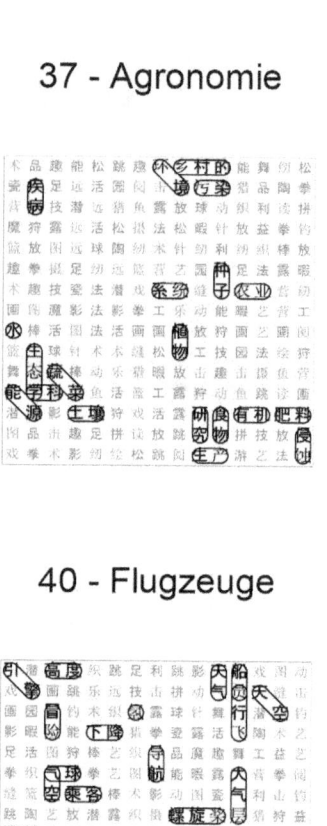

38 - Landschaften

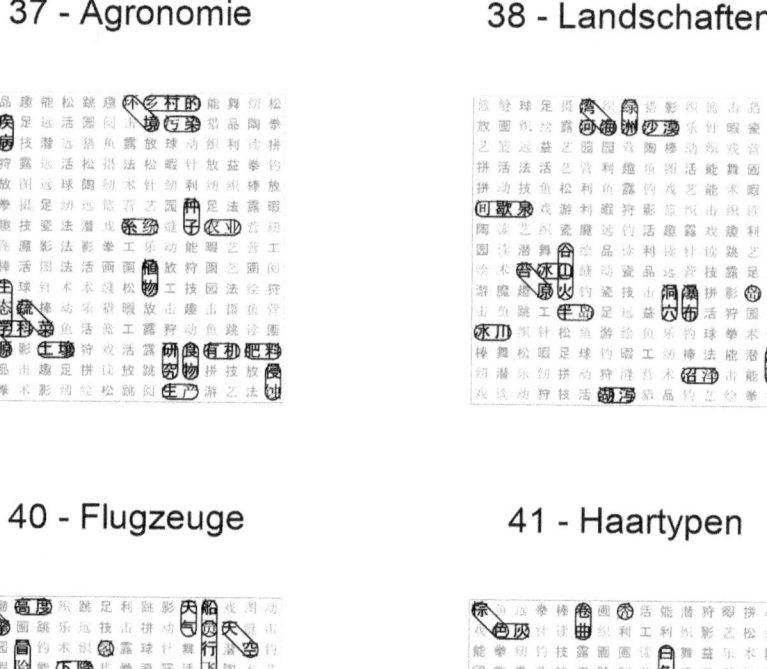

39 - Abenteuer

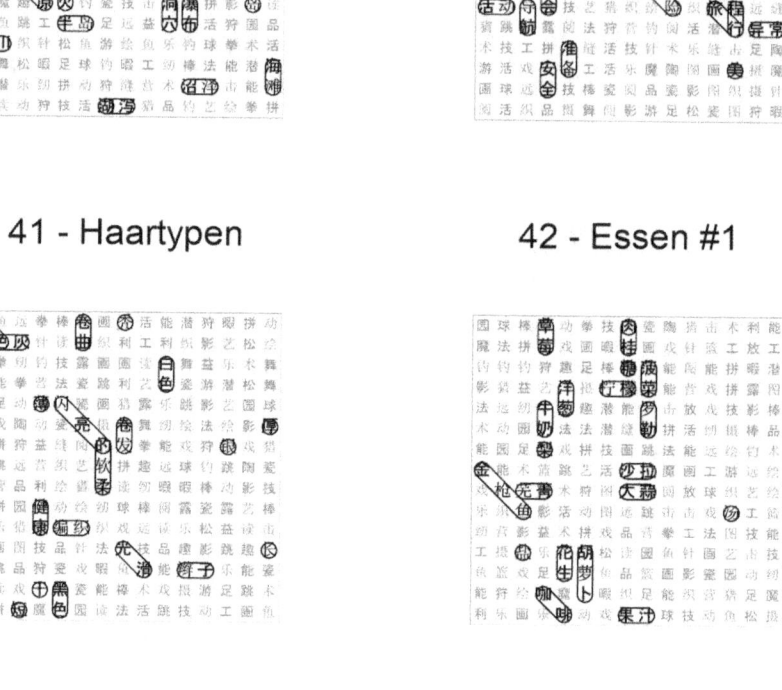

40 - Flugzeuge

41 - Haartypen

42 - Essen #1

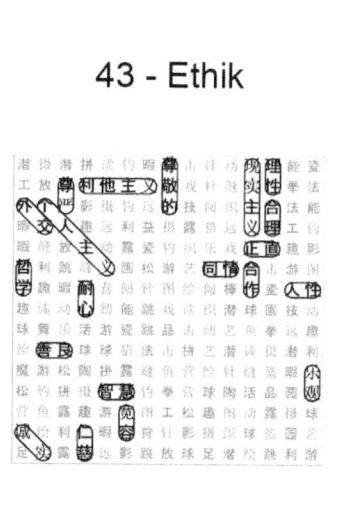

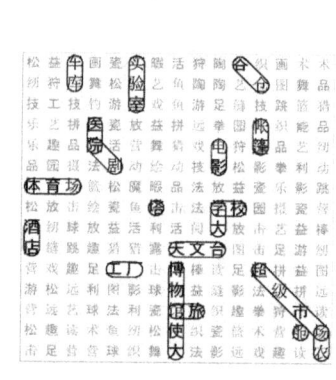

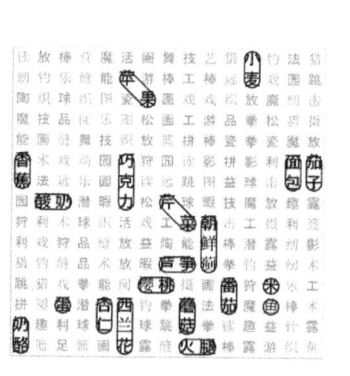

43 - Ethik

44 - Gebäude

45 - Essen #2

46 - Energie

47 - Familie

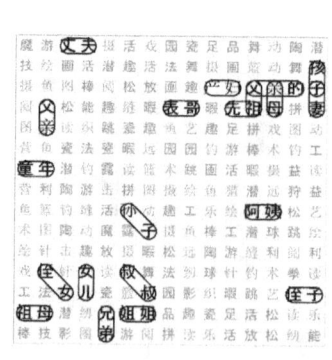

48 - Pflanzen

49 - Gewürze

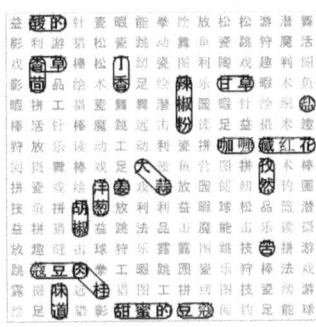

50 - Kreativität

51 - Geschäft

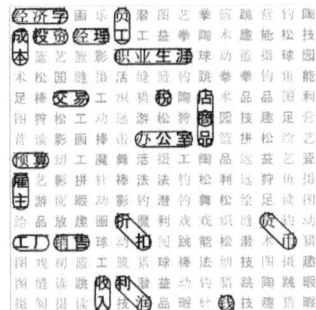

52 - Ingenieurwesen

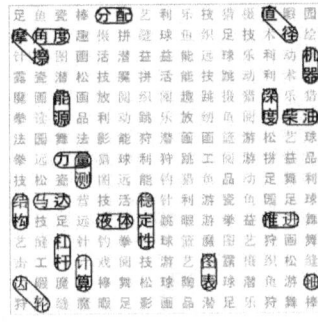

53 - Kaffee

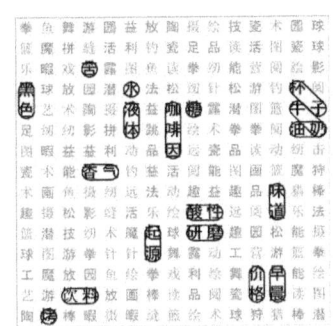

54 - Gemüse

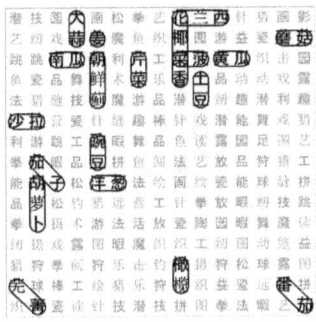

55 - Schönheit

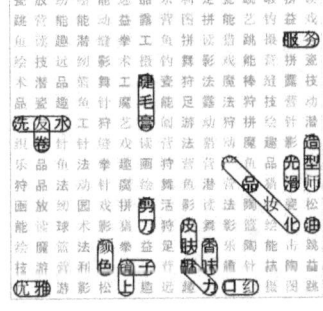

56 - Tanzen

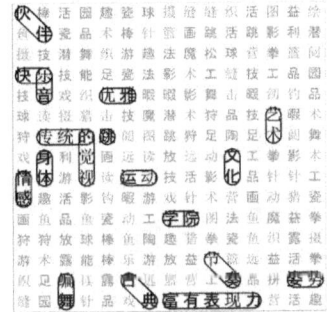

57 - Ernährung

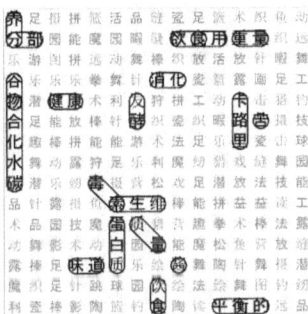

58 - Länder #1

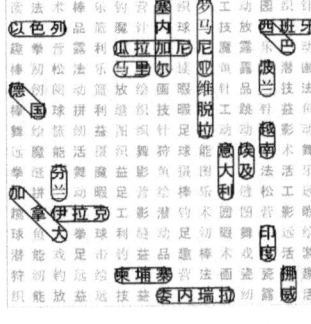

59 - Technologie

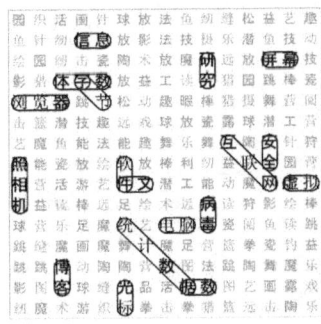

60 - Wasser

61 - Science Fiction

62 - Literatur

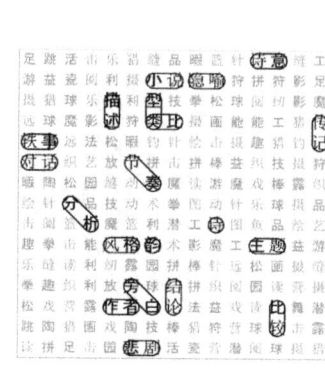

63 - Wandern

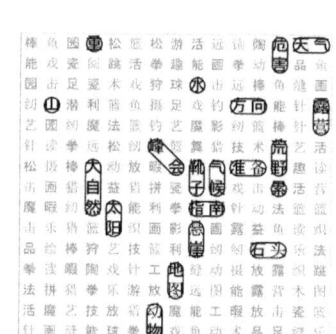

64 - Globale Erwärmung

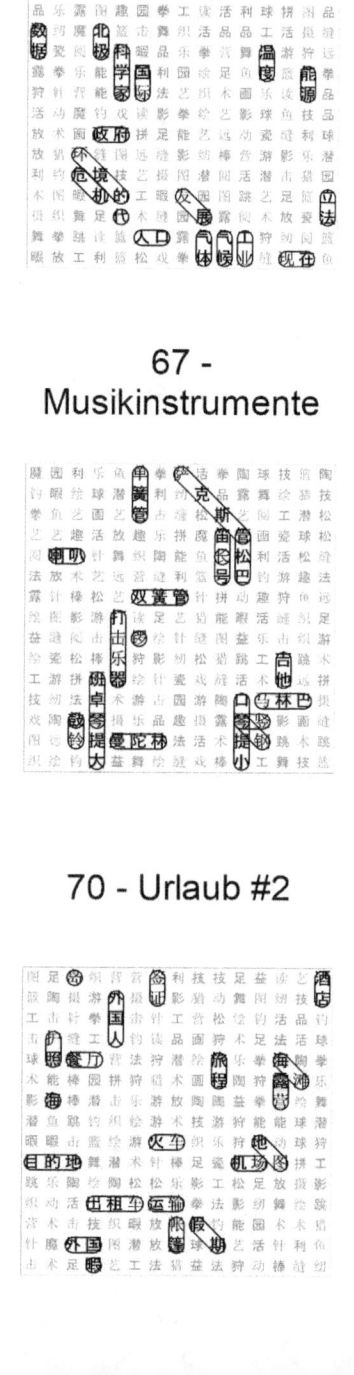

65 - Länder #2

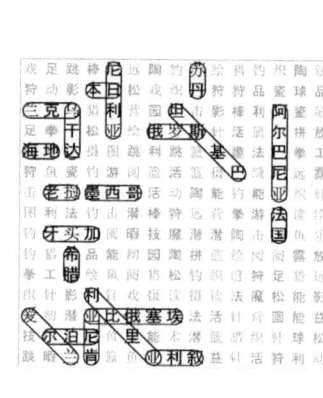

66 - Fahrzeuge

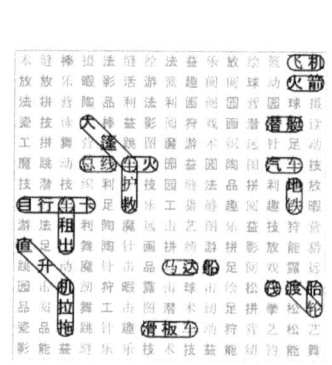

67 - Musikinstrumente

68 - Blumen

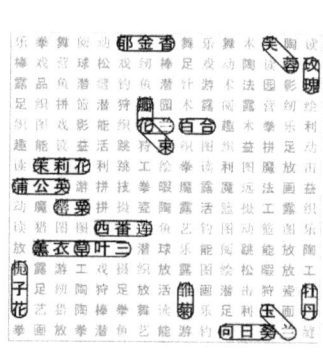

69 - Natur

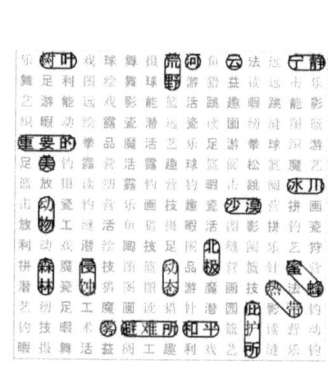
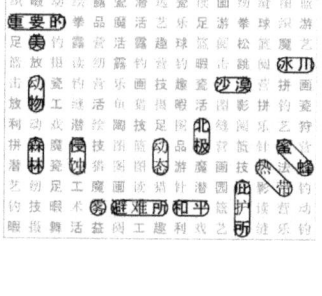

70 - Urlaub #2

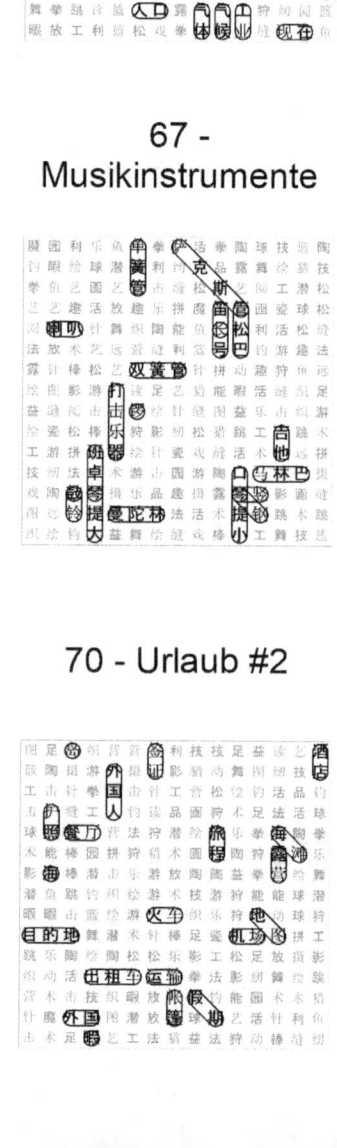

71 - Barbecues

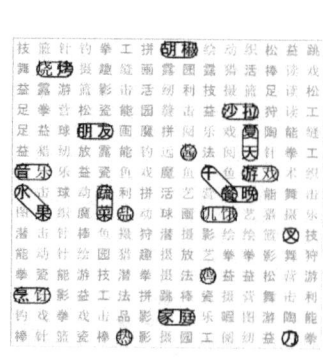

72 - Fotografie

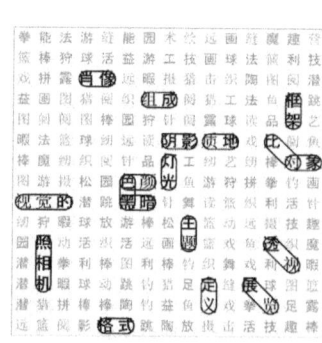

73 - Geographie

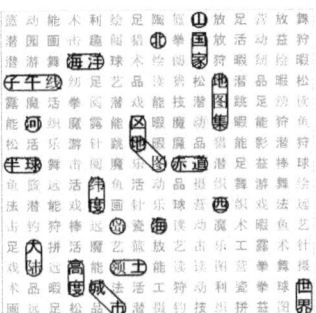

74 - Zahlen

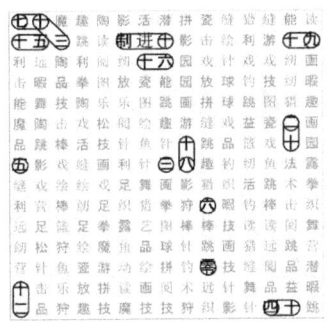

75 - Kunst Liefert

76 - Tage und Monate

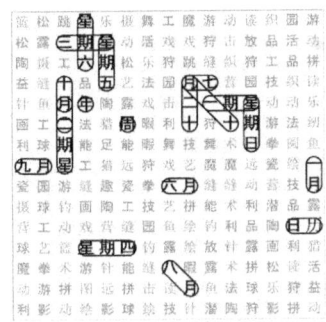

77 - Das Unternehmen

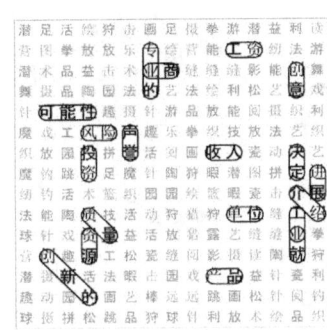

78 - Kräuterkunde

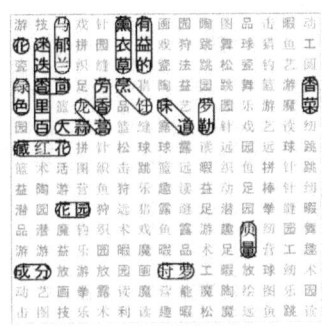

79 - Aktivitäten und Freizeit

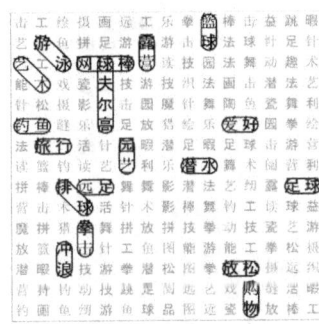

80 - Formen

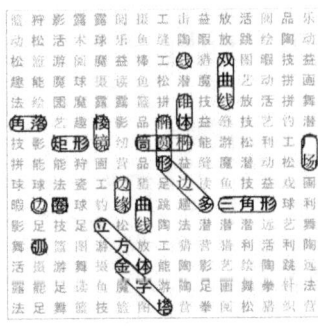

81 - Musik

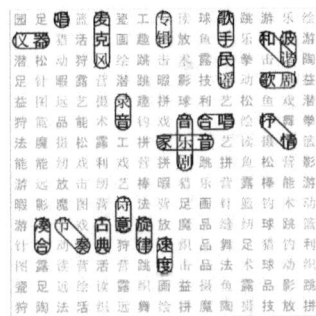

82 - Antiquitäten

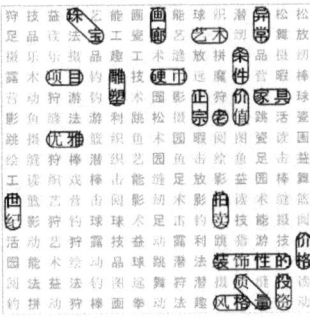

83 - Adjektive #2

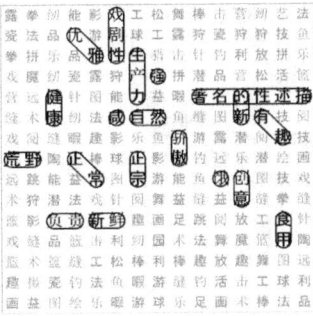

84 - Kleidung

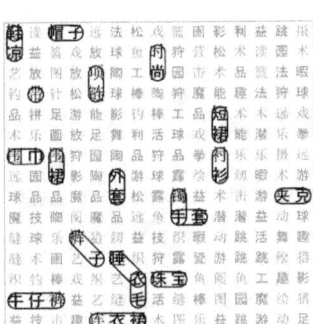

85 - Haus

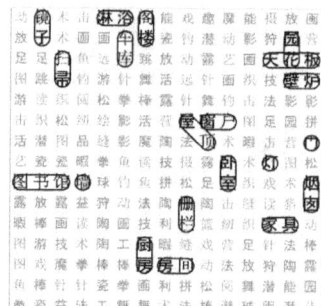

86 - Bauernhof #1

87 - Regierung

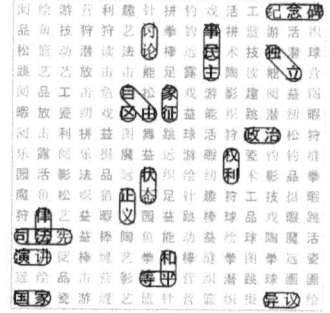

88 - Berufe #1

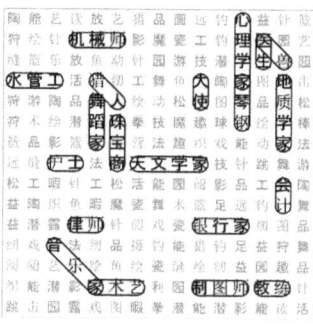

89 - Adjektive #1

90 - Geometrie

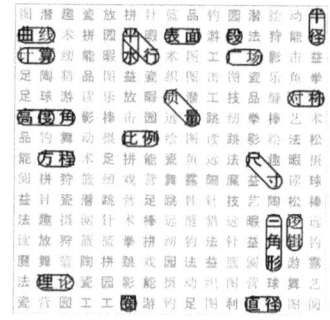

91 - Jazz

92 - Mathematik

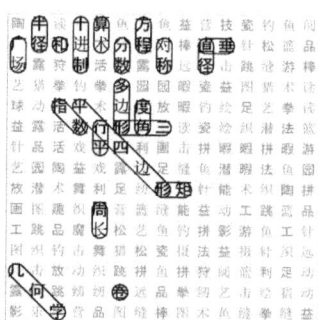

93 - Messungen

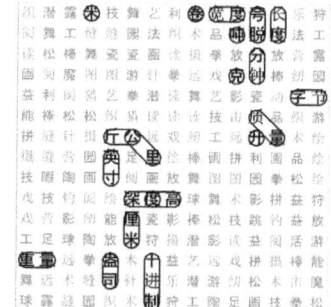

94 - Boxen

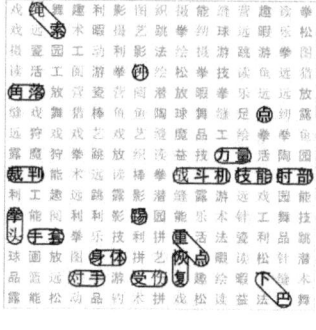

95 - Psychologie

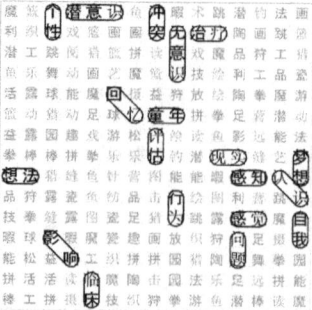

96 - Bauernhof #2

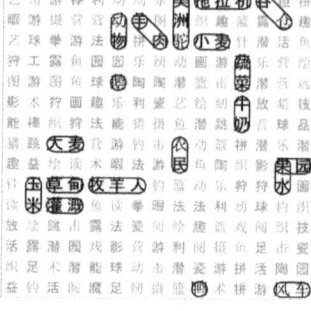

97 - Gartenarbeit

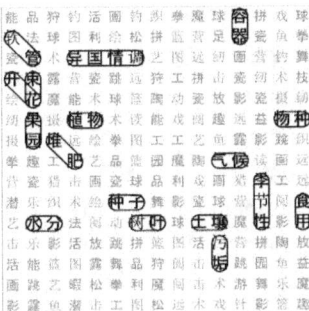

98 - Berufe #2

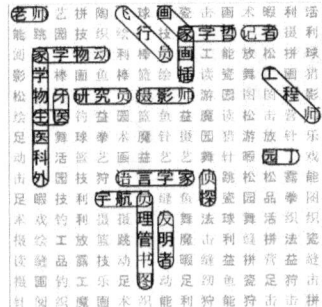

99 - Wetter

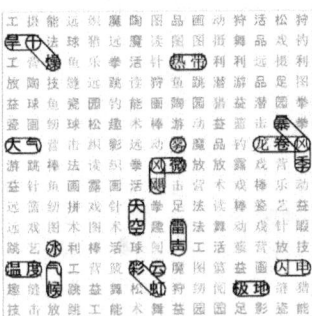

100 - Chemie

Wörterbuch

Abenteuer
冒险

Aktivität	活动
Ausflug	远足
Begeisterung	热情
Chance	机会
Freude	喜悦
Freunde	朋友
Gefährlich	危险
Natur	大自然
Navigation	导航
Neu	新的
Reisen	旅行
Route	行程
Schönheit	美
Schwierigkeit	困难
Sicherheit	安全
Tapferkeit	勇敢
Ungewöhnlich	异常
Vorbereitung	准备
Ziel	目的地

Adjektive #1
形容词 #1

Absolut	绝对
Aromatisch	芳香
Attraktiv	吸引力
Dunkel	黑暗
Dünn	薄
Ehrlich	诚实
Ernst	严重的
Glücklich	快乐
Identisch	相同
Künstlerisch	艺术的
Langsam	慢
Modern	现代
Perfekt	完美
Riesig	巨大的
Schön	美丽
Schwer	重
Tief	深
Unschuldig	无辜的
Wertvoll	有价值的
Wichtig	重要的

Adjektive #2
形容词 #2

Authentisch	正宗
Berühmt	著名的
Beschreibend	描述性的
Dramatisch	戏剧性
Elegant	优雅
Essbar	食用
Frisch	新鲜
Gesund	健康
Hungrig	饿
Interessant	有趣
Kreativ	创意
Natürlich	自然
Neu	新的
Normal	正常
Produktiv	生产力
Salzig	咸
Stark	强
Stolz	骄傲
Verantwortlich	负责
Wild	荒野

Agronomie
农学

Boden	土壤
Dünger	肥料
Energie	能源
Erosion	侵蚀
Essen	食物
Forschung	研究
Gemüse	蔬菜
Krankheit	疾病
Landwirtschaft	农业
Ländlich	乡村的
Organisch	有机
Ökologie	生态学
Pflanzen	植物
Produktion	生产
Saat	种子
Systeme	系统
Umwelt	环境
Verschmutzung	污染
Wasser	水
Wissenschaft	科学

Aktivitäten
活动

Aktivität	活动
Angeln	钓鱼
Camping	露营
Entspannung	放松
Fähigkeit	技能
Fotografie	摄影
Freizeit	暇
Gartenarbeit	园艺
Interessen	利益
Jagd	狩猎
Keramik	陶瓷
Kunst	艺术
Kunsthandwerk	工艺品
Lesen	阅读
Magie	魔法
Nähen	缝纫
Spiele	游戏
Tanzen	跳舞
Vergnügen	乐趣
Wandern	远足

Aktivitäten und Freizeit
活动和休闲

Angeln	钓鱼
Baseball	棒球
Basketball	篮球
Boxen	拳击
Camping	露营
Einkaufen	购物
Entspannend	放松
Fussball	足球
Gartenarbeit	园艺
Golf	高尔夫球
Hobbies	爱好
Kunst	艺术
Reise	旅行
Schwimmen	游泳
Surfen	冲浪
Tauchen	潜水
Tennis	网球
Volleyball	排球
Wandern	远足

Algebra
代数

Bruchteil	分数
Diagramm	图表
Exponent	指数
Faktor	因素
Formel	公式
Gleichung	方程
Klammern	括号
Linear	线性
Lösen	解决
Lösung	解决方案
Matrix	矩阵
Menge	数量
Null	零
Problem	问题
Subtraktion	减法
Summe	和
Unendlich	无限
Variable	变量
Vereinfachen	简化

Antarktis
南极洲

Bucht	湾
Eis	冰
Erhaltung	保护
Expedition	远征
Felsig	洛奇
Forscher	研究员
Geographie	地理
Gletscher	冰川
Halbinsel	半岛
Kontinent	大陆
Migration	移民
Mineralien	矿物
Temperatur	温度
Topographie	地形
Umwelt	环境
Vögel	鸟类
Wasser	水
Wetter	天气
Wind	风
Wissenschaftlich	科学的

Antiquitäten
古董

Alt	老
Artikel	项目
Authentisch	正宗
Dekorativ	装饰性的
Elegant	优雅
Galerie	画廊
Investition	投资
Jahrhundert	世纪
Kunst	艺术
Möbel	家具
Münzen	硬币
Preis	价格
Qualität	质量
Schmuck	珠宝
Skulptur	雕塑
Stil	风格
Ungewöhnlich	异常
Versteigerung	拍卖
Wert	价值
Zustand	条件

Archäologie
考古学

Analyse	分析
Antiquität	古代
Auswertung	评估
Ära	时代
Experte	专家
Forscher	研究员
Fossil	化石
Geheimnis	神秘
Grab	墓
Knochen	骨头
Mannschaft	团队
Nachkomme	后裔
Objekte	对象
Professor	教授
Relikt	遗迹
Tempel	寺庙
Unbekannt	未知
Zivilisation	文明

Astronomie
天文学

Asteroid	小行星
Astronaut	宇航员
Astronom	天文学家
Erde	地球
Himmel	天空
Komet	彗星
Konstellation	星座
Meteor	流星
Mond	月亮
Nebel	星云
Observatorium	天文台
Planet	行星
Rakete	火箭
Satellit	卫星
Sonne	太阳
Stern	星星
Supernova	超新星
Teleskop	望远镜
Tierkreis	黄道带
Universum	宇宙

Ballett
芭蕾

Applaus	掌声
Ausdrucksvoll	富有表现力
Choreographie	编舞
Fähigkeit	技能
Geste	手势
Intensität	强度
Komponist	作曲家
Künstlerisch	艺术的
Musik	音乐
Muskel	肌肉
Orchester	管弦乐队
Praxis	实践
Publikum	观众
Rhythmus	节奏
Solo	独奏
Stil	风格
Tänzer	舞者
Technik	技术

Barbecues
烧烤

Abendessen	晚餐
Familie	家庭
Freunde	朋友
Frucht	水果
Gabeln	叉
Gemüse	蔬菜
Grill	烧烤
Heiss	热
Huhn	鸡
Hunger	饥饿
Kochen	烹饪
Messer	刀
Mittagessen	午餐
Musik	音乐
Pfeffer	胡椒
Salate	沙拉
Salz	盐
Sommer	夏天
Sosse	酱
Spiele	游戏

Bauernhof #1
农场 #1

Biene	蜜蜂
Dünger	肥料
Esel	驴
Feld	领域
Heu	干草
Honig	蜂蜜
Huhn	鸡
Hund	狗
Kalb	小腿
Katze	猫
Krähe	乌鸦
Kuh	牛
Land	土地
Landwirtschaft	农业
Pferd	马
Reis	米
Schwein	猪
Wasser	水
Zaun	栅栏
Ziege	山羊

Bauernhof #2
农场 #2

Bauer	农民
Bewässerung	灌溉
Ente	鸭
Frucht	水果
Gänse	鹅
Gemüse	蔬菜
Gerste	大麦
Lama	美洲驼
Lamm	羊肉
Mais	玉米
Milch	牛奶
Obstgarten	果园
Schaf	羊
Schäfer	牧羊人
Scheune	谷仓
Tiere	动物
Traktor	拖拉机
Weizen	小麦
Wiese	草甸
Windmühle	风车

Berufe #1
职业 #1

Arzt	医生
Astronom	天文学家
Bankier	银行家
Botschafter	大使
Buchhalter	会计
Geologe	地质学家
Jäger	猎人
Juwelier	珠宝商
Kartograph	制图师
Klempner	水管工
Krankenschwester	护士
Künstler	艺术家
Mechaniker	机械师
Musiker	音乐家
Pianist	钢琴家
Psychologe	心理学家
Rechtsanwalt	律师
Tänzer	舞蹈家
Tierarzt	兽医
Trainer	教练

Berufe #2
职业 #2

Arzt	医生
Astronaut	宇航员
Bibliothekar	图书管理员
Biologe	生物学家
Chirurg	外科医生
Detektiv	侦探
Erfinder	发明者
Forscher	研究员
Fotograf	摄影师
Gärtner	园丁
Illustrator	插画家
Ingenieur	工程师
Journalist	记者
Lehrer	老师
Linguist	语言学家
Maler	画家
Philosoph	哲学家
Pilot	飞行员
Zahnarzt	牙医
Zoologe	动物学家

Bienen
蜜蜂

Bestäuber	传粉者
Bienenkorb	蜂巢
Blumen	花
Blüte	开花
Flügel	翅膀
Frucht	水果
Garten	花园
Honig	蜂蜜
Insekt	昆虫
Königin	女王
Lebensraum	生境
Ökosystem	生态系统
Pflanzen	植物
Pollen	花粉
Rauch	烟
Schwarm	群
Sonne	太阳
Vielfalt	多样性
Vorteilhaft	有益的
Wachs	蜡

Biologie
生物学

Anatomie	解剖学
Chromosom	染色体
Embryo	胚胎
Enzym	酶
Evolution	进化
Hormon	激素
Kollagen	胶原
Mutation	突变
Natürlich	自然
Nerv	神经
Neuron	神经元
Osmose	渗透
Pflanzen	植物
Photosynthese	光合作用
Protein	蛋白质
Reptil	爬行动物
Säugetier	哺乳动物
Symbiose	共生
Synapse	突触
Zelle	细胞

Blumen
鲜花

Blütenblatt	花瓣
Gardenie	栀子花
Gänseblümchen	雏菊
Hibiskus	芙蓉
Jasmin	茉莉花
Klee	三叶草
Lavendel	薰衣草
Lilie	百合
Löwenzahn	蒲公英
Magnolie	玉兰
Mohn	罂粟
Orchidee	兰花
Passionsblume	西番莲
Pfingstrose	牡丹
Rose	玫瑰
Sonnenblume	向日葵
Strauss	花束
Tulpe	郁金香

Boote
船

Anker	锚
Boje	浮标
Crew	船员
Dock	码头
Fähre	渡轮
Floss	筏
Fluss	河
Kajak	皮艇
Kanu	独木舟
Mast	桅杆
Meer	海
Motor	引擎
Nautisch	海上的
Ozean	海洋
Rettungsboot	救生艇
See	湖
Segelboot	帆船
Seil	绳子
Wellen	波浪
Yacht	游艇

Boxen
拳击

Ecke	角落
Ellbogen	肘部
Faust	拳头
Fähigkeit	技能
Fokus	重点
Gegner	对手
Glocke	钟
Handschuhe	手套
Kämpfer	战斗机
Kick	踢
Kinn	下巴
Körper	身体
Punkte	点
Recovery	恢复
Schiedsrichter	裁判
Seile	绳索
Stärke	力量
Verletzungen	受伤

Bücher
书籍

Abenteuer	冒险
Autor	作者
Dualität	二元性
Episch	史诗
Erfinderisch	发明
Erzähler	旁白
Gedicht	诗
Geschichte	故事
Geschrieben	书面的
Historisch	历史的
Humorvoll	幽默
Kollektion	收藏
Kontext	上下文
Leser	读者
Literarisch	文学
Poesie	诗歌
Roman	小说
Seite	页
Serie	系列
Tragisch	悲剧

Camping
露营

Abenteuer	冒险
Berg	山
Feuer	火
Hängematte	吊床
Hut	帽子
Insekt	昆虫
Jagd	狩猎
Kabine	舱
Kanu	独木舟
Karte	地图
Kompass	罗盘
Laterne	灯笼
Mond	月亮
Natur	大自然
See	湖
Seil	绳子
Spass	乐趣
Tiere	动物
Wald	森林
Zelt	帐篷

Chemie
化学

Alkalisch	碱性
Chlor	氯
Elektron	电子
Enzym	酶
Flüssigkeit	液体
Gas	气体
Gewicht	重量
Hitze	热
Ion	离子
Katalysator	催化剂
Kohlenstoff	碳
Molekül	分子
Nuklear	核
Organisch	有机
Reaktion	反应
Salz	盐
Sauerstoff	氧
Säure	酸
Temperatur	温度
Wasserstoff	氢

Das Unternehmen
该公司

Beschäftigung	就业
Einheiten	单位
Einnahmen	收入
Entscheidung	决定
Fortschritt	进展
Geschäft	商业
Industrie	工业
Innovativ	创新的
Investition	投资
Kreativ	创意
Löhne	工资
Möglichkeit	可能性
Präsentation	介绍
Produkt	产品
Professionell	专业的
Qualität	质量
Ressourcen	资源
Risiken	风险
Ruf	声誉

Diplomatie
外交

Ausländisch	外国
Berater	顾问
Botschaft	大使馆
Botschafter	大使
Bürger	公民
Diplomatisch	外交
Diskussion	讨论
Ethik	伦理
Gemeinschaft	社区
Gerechtigkeit	正义
Humanitär	人道主义
Integrität	正直
Konflikt	冲突
Lösung	解决方案
Politik	政治
Regierung	政府
Sicherheit	安全
Sprachen	语言
Vertrag	条约
Zusammenarbeit	合作

Elektrizität
電力

Ausrüstung	设备
Batterie	电池
Drähte	电线
Elektriker	电工
Elektrisch	电
Fernsehen	电视
Generator	发电机
Kabel	电缆
Lampe	灯
Laser	激光
Magnet	磁铁
Menge	数量
Negativ	否
Netzwerk	网络
Objekte	对象
Positiv	积极的
Steckdose	插座
Telefon	电话

Energie
能源

Batterie	电池
Benzin	汽油
Brennstoff	燃料
Diesel	柴油
Elektrisch	电
Elektron	电子
Entropie	熵
Erneuerbar	再生
Hitze	热
Industrie	工业
Kohlenstoff	碳
Motor	马达
Nuklear	核
Photon	光子
Sonne	太阳
Turbine	涡轮
Umwelt	环境
Verschmutzung	污染
Wasserstoff	氢
Wind	风

Ernährung
营养

Appetit	食欲
Ausgewogen	平衡的
Bitter	苦
Diät	饮食
Essbar	食用
Fermentation	发酵
Geschmack	味道
Gesundheit	健康
Getreide	谷物
Gewicht	重量
Kalorien	卡路里
Kohlenhydrate	碳水化合物
Nährstoff	养分
Portion	部分
Proteine	蛋白质
Qualität	质量
Sosse	酱
Toxin	毒素
Verdauung	消化
Vitamin	维生素

Essen #1
食物 #1

Basilikum	罗勒
Birne	梨
Erdbeere	草莓
Erdnuss	花生
Fleisch	肉
Kaffee	咖啡
Karotte	胡萝卜
Knoblauch	大蒜
Milch	牛奶
Rübe	芜菁
Saft	果汁
Salat	沙拉
Salz	盐
Spinat	菠菜
Suppe	汤
Thunfisch	金枪鱼
Zimt	肉桂
Zitrone	柠檬
Zucker	糖
Zwiebel	洋葱

Essen #2
食物 #2

Apfel	苹果
Artischocke	朝鲜蓟
Aubergine	茄子
Banane	香蕉
Brokkoli	西兰花
Brot	面包
Ei	蛋
Fisch	鱼
Joghurt	酸奶
Käse	奶酪
Kirsche	樱桃
Mandel	杏仁
Pilz	蘑菇
Reis	米
Schinken	火腿
Schokolade	巧克力
Sellerie	芹菜
Spargel	芦笋
Tomate	番茄
Weizen	小麦

Ethik
伦理

Altruismus	利他主义
Diplomatisch	外交
Ehrlichkeit	诚实
Freundlichkeit	善良
Geduld	耐心
Individualismus	个人主义
Integrität	正直
Menschheit	人性
Mitgefühl	同情
Optimismus	乐观
Philosophie	哲学
Rationalität	理性
Realismus	现实主义
Respektvoll	尊敬的
Toleranz	宽容
Vernünftig	合理
Weisheit	智慧
Wohlwollend	仁慈
Würde	尊严
Zusammenarbeit	合作

Fahren
驾驶

Auto	汽车
Bremsen	刹车
Brennstoff	燃料
Bus	总线
Garage	车库
Gas	气体
Gefahr	危险
Geschwindigkeit	速度
Karte	地图
Lizenz	执照
Lkw	卡车
Motor	马达
Motorrad	摩托车
Polizei	警察
Sicherheit	安全
Transport	运输
Tunnel	隧道
Unfall	事故
Verkehr	交通
Vorsicht	警告

Fahrzeuge
车辆

Auto	汽车
Boot	船
Bus	总线
Fahrrad	自行车
Fähre	渡轮
Floss	筏
Flugzeug	飞机
Hubschrauber	直升机
Krankenwagen	救护车
Lkw	卡车
Motor	马达
Rakete	火箭
Reifen	轮胎
Roller	滑板车
Taxi	出租车
Traktor	拖拉机
U-Bahn	地铁
U-Boot	潜艇
Wohnwagen	大篷车
Zug	火车

Familie
家庭

Bruder	兄弟
Ehefrau	妻子
Ehemann	丈夫
Enkel	孙子
Grossmutter	祖母
Grossvater	祖父
Kind	孩子
Kindheit	童年
Mutter	母亲
Mütterlich	产妇
Neffe	侄子
Nichte	侄女
Onkel	叔叔
Schwester	姐姐
Tante	阿姨
Tochter	女儿
Vater	父亲
Väterlich	父亲的
Vetter	表哥
Vorfahr	祖先

Flugzeuge
飞机

Abenteuer	冒险
Abstieg	下降
Atmosphäre	大气层
Aufblasen	膨胀
Ballon	气球
Brennstoff	燃料
Crew	船员
Design	设计
Geschichte	历史
Himmel	天空
Höhe	高度
Luft	空气
Motor	引擎
Navigieren	导航
Passagier	乘客
Pilot	飞行员
Propeller	螺旋桨
Turbulenz	湍流
Wasserstoff	氢
Wetter	天气

Formen
形状

Bogen	弧
Dreieck	三角形
Ecke	角落
Ellipse	椭圆
Hyperbel	双曲线
Kanten	边缘
Kegel	锥体
Kreis	圈
Kurve	曲线
Linie	线
Oval	椭圆形
Polygon	多边形
Prisma	棱镜
Pyramide	金字塔
Quadrat	广场
Rechteck	矩形
Seite	边
Würfel	立方体
Zylinder	圆筒

Fotografie
摄影

Ausstellung	展览
Beleuchtung	灯光
Definition	定义
Dunkelheit	黑暗
Farbe	颜色
Format	格式
Gegenstand	主题
Kamera	照相机
Kontrast	对比
Objekt	对象
Perspektive	透视
Porträt	肖像
Rahmen	框架
Schatten	阴影
Schwarz	黑色
Textur	质地
Visuell	视觉的
Zusammensetzung	组成

Garten
花园

Baum	树
Blume	花
Boden	土壤
Busch	灌木
Garage	车库
Garten	花园
Gras	草
Hängematte	吊床
Obstgarten	果园
Rasen	草坪
Rechen	耙
Schaufel	铲
Schlauch	软管
Teich	池塘
Terrasse	平台
Trampolin	蹦床
Unkraut	杂草
Veranda	门廊
Zaun	栅栏

Gartenarbeit
园艺

Art	物种
Blatt	叶
Blüte	开花
Boden	土壤
Botanisch	植物
Container	容器
Essbar	食用
Exotisch	异国情调
Feuchtigkeit	水分
Klima	气候
Kompost	堆肥
Laub	树叶
Obstgarten	果园
Saat	种子
Saisonal	季节性
Schlauch	软管
Schmutz	污垢
Strauss	花束
Wasser	水

Gebäude
建筑物

Bauernhof	农场
Botschaft	大使馆
Fabrik	工厂
Garage	车库
Herberge	旅馆
Hotel	酒店
Kabine	舱
Kino	电影
Krankenhaus	医院
Labor	实验室
Museum	博物馆
Observatorium	天文台
Scheune	谷仓
Schule	学校
Stadion	体育场
Supermarkt	超级市场
Theater	剧院
Turm	塔
Universität	大学
Zelt	帐篷

Gemüse
蔬菜

Artischocke	朝鲜蓟
Aubergine	茄子
Blumenkohl	花椰菜
Brokkoli	西兰花
Erbse	豌豆
Gurke	黄瓜
Ingwer	姜
Karotte	胡萝卜
Kartoffel	土豆
Knoblauch	大蒜
Kürbis	南瓜
Olive	橄榄
Petersilie	香菜
Pilz	蘑菇
Rübe	芜菁
Salat	沙拉
Sellerie	芹菜
Spinat	菠菜
Tomate	番茄
Zwiebel	洋葱

Geographie
地理

Atlas	地图集
Äquator	赤道
Berg	山
Breite	纬度
Fluss	河
Gebiet	领土
Hemisphäre	半球
Höhe	高度
Insel	岛
Karte	地图
Kontinent	大陆
Land	国家
Meer	海
Meridian	子午线
Norden	北
Ozean	海洋
Region	地区
Stadt	城市
Welt	世界
West	西

Geologie
地质学

Erdbeben	地震
Erosion	侵蚀
Fossil	化石
Geysir	间歇泉
Höhle	洞穴
Kalzium	钙
Kontinent	大陆
Koralle	珊瑚
Lava	熔岩
Mineralien	矿物
Plateau	高原
Quarz	石英
Salz	盐
Säure	酸
Stalagmiten	石笋
Stalaktit	钟乳石
Stein	石头
Vulkan	火山
Zone	区
Zyklen	周期

Geometrie
几何

Anteil	比例
Berechnung	计算
Dimension	尺寸
Dreieck	三角形
Durchmesser	直径
Gleichung	方程
Horizontal	水平
Höhe	高度
Kreis	圈
Kurve	曲线
Logik	逻辑
Masse	质量
Oberfläche	表面
Parallel	平行
Quadrat	广场
Radius	半径
Segment	段
Symmetrie	对称
Theorie	理论
Winkel	角度

Geschäft
商业

Arbeitgeber	雇主
Budget	预算
Büro	办公室
Einkommen	收入
Fabrik	工厂
Geld	钱
Geschäft	商店
Gewinn	利润
Investition	投资
Karriere	职业生涯
Kosten	成本
Manager	经理
Mitarbeiter	员工
Rabatt	折扣
Steuern	税
Transaktion	交易
Verkauf	销售
Ware	商品
Währung	货币
Wirtschaft	经济学

Gesundheit und Wellness #1
健康和保健 #1

Apotheke	药店
Arzt	医生
Bakterien	细菌
Entspannung	放松
Fraktur	断裂
Gewohnheit	习惯
Haltung	姿势
Haut	皮肤
Hormone	激素
Höhe	高度
Hunger	饥饿
Klinik	诊所
Knochen	骨头
Medizin	药
Medizinisch	医疗
Muskel	肌肉
Nerven	神经
Reflex	反射
Therapie	治疗
Virus	病毒

Gesundheit und Wellness #2
健康和保健 #2

Allergie	过敏
Anatomie	解剖学
Appetit	食欲
Blut	血
Diät	饮食
Energie	能源
Genetik	遗传学
Gesund	健康
Gewicht	重量
Hygiene	卫生
Infektion	感染
Kalorie	卡路里
Krankenhaus	医院
Krankheit	疾病
Massage	按摩
Risiken	风险
Schlafen	睡觉
Sport	体育
Stress	压力
Vitamin	维生素

Gewürze
香料

Bitter	苦
Curry	咖喱
Fenchel	茴香
Geschmack	味道
Ingwer	姜
Kardamom	豆蔻
Knoblauch	大蒜
Kreuzkümmel	孜然
Lakritze	甘草
Muskatnuss	肉豆蔻
Nelke	丁香
Paprika	辣椒粉
Pfeffer	胡椒
Safran	藏红花
Salz	盐
Sauer	酸的
Süss	甜蜜的
Vanille	香草
Zimt	肉桂
Zwiebel	洋葱

Globale Erwärmung
全球变暖

Arktis	北极
Bevölkerung	人口
Daten	数据
Energie	能源
Entwicklung	发展
Gas	气体
Generationen	代
Gesetzgebung	立法
Industrie	工业
International	国际
Jetzt	现在
Klima	气候
Krise	危机
Regierung	政府
Temperaturen	温度
Umwelt	环境的
Wissenschaftler	科学家
Zukunft	未来

Haartypen
头发类型

Blond	金发
Braun	棕色
Dick	厚
Dünn	薄
Geflochten	编织
Gesund	健康
Glatt	光滑
Glänzend	闪亮的
Grau	灰色
Kahl	秃
Kurz	短
Lang	长
Locken	卷发
Lockig	卷曲
Schwarz	黑色
Silber	银
Trocken	干
Weich	柔软的
Weiss	白色
Zöpfe	辫子

Haus
房子

Besen	扫帚
Bibliothek	图书馆
Dach	屋顶
Dachboden	阁楼
Decke	天花板
Dusche	淋浴
Fenster	窗户
Garage	车库
Garten	花园
Kamin	壁炉
Küche	厨房
Lampe	灯
Möbel	家具
Schlafzimmer	卧室
Schornstein	烟囱
Spiegel	镜子
Tür	门
Wand	墙
Zaun	栅栏
Zimmer	房间

Ingenieurwesen
工程

Achse	轴
Antrieb	推进
Berechnung	计算
Diagramm	图表
Diesel	柴油
Durchmesser	直径
Energie	能源
Flüssigkeit	液体
Getriebe	齿轮
Hebel	杠杆
Maschine	机器
Messung	测量
Motor	马达
Reibung	摩擦
Stabilität	稳定性
Stärke	力量
Struktur	结构
Tiefe	深度
Verteilung	分配
Winkel	角度

Insekten
昆虫

meise	蚂蚁
iene	蜜蜂
lattlaus	蚜
loh	跳蚤
ottesanbeterin	螳螂
euschrecke	蚱蜢
ornisse	大黄蜂
akerlake	蟑螂
äfer	甲虫
arve	幼虫
ibelle	蜻蜓
larienkäfer	瓢虫
lotte	蛾
lücke	蚊子
chmetterling	蝴蝶
ermite	白蚁
Vespe	黄蜂
Vurm	蠕虫
ikade	蝉

Jazz
爵士乐

Album	专辑
Alt	老
Applaus	掌声
Berühmt	著名的
Genre	类型
Improvisation	即兴创作
Komponist	作曲家
Konzert	音乐会
Künstler	艺术家
Lied	歌曲
Musik	音乐
Musiker	音乐家
Neu	新的
Orchester	管弦乐队
Rhythmus	节奏
Solo	独奏
Stil	风格
Talent	人才
Technik	技术
Zusammensetzung	组成

Kaffee
咖啡

Aroma	香气
Bitter	苦
Creme	奶油
Flüssigkeit	液体
Geröstet	烤
Geschmack	味道
Getränk	饮料
Koffein	咖啡因
Mahlen	研磨
Milch	牛奶
Morgen	早晨
Preis	价格
Sauer	酸性
Schwarz	黑色
Tasse	杯子
Ursprung	起源
Wasser	水
Zucker	糖

Kleidung
衣服

rmband	手镯
ürtel	带
alskette	项链
andschuhe	手套
emd	衬衫
ose	裤子
ut	帽子
acke	夹克
eans	牛仔裤
leid	连衣裙
lantel	外套
lode	时尚
ullover	毛衣
ock	短裙
andalen	凉鞋
chal	围巾
chlafanzug	睡衣
chmuck	珠宝
chuh	鞋
chürze	围裙

Krankheit
疾病

Abdominal	腹部
Akut	急性
Allergien	过敏
Ansteckend	传染性
Atemwege	呼吸的
Bakteriell	细菌
Chronisch	慢性
Entzündung	炎症
Genetisch	遗传
Gesundheit	健康
Herz	心
Immunität	免疫
Knochen	骨头
Körper	身体
Neuropathie	神经病
Schwach	弱
Sinus	窦
Syndrom	症状
Therapie	治疗

Kräuterkunde
草药学

Aromatisch	芳香
Basilikum	罗勒
Blume	花
Dill	莳萝
Estragon	龙蒿
Fenchel	茴香
Garten	花园
Geschmack	味道
Grün	绿色
Knoblauch	大蒜
Kulinarisch	烹饪
Lavendel	薰衣草
Majoran	马郁兰
Petersilie	香菜
Qualität	质量
Rosmarin	迷迭香
Safran	藏红花
Thymian	百里香
Vorteilhaft	有益的
Zutat	成分

Kreativität
创造力

Ausdruck	表达
Authentizität	真实性
Bild	图像
Dramatisch	戏剧性
Eindruck	印象
Erfinderisch	发明
Fähigkeit	技能
Flüssigkeit	流动性
Gefühle	感情
Ideen	想法
Inspiration	灵感
Intensität	强度
Intuition	直觉
Klarheit	明晰
Künstlerisch	艺术的
Phantasie	想象力
Sensation	感觉
Spontan	自发的
Visionen	愿景
Vitalität	活力

Kunst Liefert
美术用品

Acryl	丙烯酸纤维
Bleistifte	铅笔
Buntstifte	蜡笔
Bürsten	刷子
Farben	颜色
Holzkohle	木炭
Ideen	想法
Kamera	照相机
Kreativität	创造力
Leim	胶水
Öl	油
Papier	纸
Radiergummi	橡皮
Staffelei	画架
Stuhl	椅子
Tabelle	桌子
Tinte	墨水
Ton	黏土
Wasser	水

Landschaften
景观

Berg	山
Eisberg	冰山
Fluss	河
Geysir	间歇泉
Gletscher	冰川
Golf	海湾
Halbinsel	半岛
Höhle	洞穴
Insel	岛
Lagune	泻湖
Meer	海
Oase	绿洲
See	湖
Strand	海滩
Sumpf	沼泽
Tal	山谷
Tundra	苔原
Vulkan	火山
Wasserfall	瀑布
Wüste	沙漠

Länder #1
国家 #1

Ägypten	埃及
Brasilien	巴西
Deutschland	德国
Finnland	芬兰
Indien	印度
Irak	伊拉克
Israel	以色列
Italien	意大利
Kambodscha	柬埔寨
Kanada	加拿大
Lettland	拉脱维亚
Mali	马里
Nicaragua	尼加拉瓜
Norwegen	挪威
Polen	波兰
Rumänien	罗马尼亚
Senegal	塞内加尔
Spanien	西班牙
Venezuela	委内瑞拉
Vietnam	越南

Länder #2
国家 #2

Albanien	阿尔巴尼亚
Äthiopien	埃塞俄比亚
Frankreich	法国
Griechenland	希腊
Haiti	海地
Irland	爱尔兰
Jamaika	牙买加
Japan	日本
Kenia	肯尼亚
Laos	老挝
Liberia	利比里亚
Mexiko	墨西哥
Nepal	尼泊尔
Nigeria	尼日利亚
Pakistan	巴基斯坦
Russland	俄罗斯
Sudan	苏丹
Syrien	叙利亚
Uganda	乌干达
Ukraine	乌克兰

Literatur
文学

Analogie	类比
Analyse	分析
Anekdote	轶事
Autor	作者
Beschreibung	描述
Biographie	传记
Dialog	对话
Erzähler	旁白
Fiktion	小说
Gedicht	诗
Genre	类型
Metapher	隐喻
Poetisch	诗意
Reim	韵
Rhythmus	节奏
Schlussfolgerung	结论
Stil	风格
Thema	主题
Tragödie	悲剧
Vergleich	比较

Mathematik
数学

Arithmetik	算术
Bruchteil	分数
Dezimal	十进制
Dreieck	三角形
Durchmesser	直径
Exponent	指数
Geometrie	几何学
Gleichung	方程
Parallel	平行
Parallelogramm	平行四边形
Polygon	多边形
Quadrat	广场
Radius	半径
Rechteck	矩形
Senkrecht	垂直
Summe	和
Symmetrie	对称
Umfang	周长
Volumen	卷
Winkel	角度

Meditation
冥想

Annahme	接受
Atmung	呼吸
Bewegung	运动
Dankbarkeit	感激
Einblick	洞察力
Freundlichkeit	善良
Frieden	和平
Geistig	心理
Glück	幸福
Haltung	姿势
Klarheit	明晰
Mitgefühl	同情
Musik	音乐
Natur	大自然
Perspektive	透视
Ruhig	平静
Stille	沉默
Wach	醒

Menschlicher Körper
人体

Bein	腿
Blut	血
Ellbogen	肘部
Finger	手指
Gehirn	脑
Gesicht	脸
Hals	脖子
Hand	手
Haut	皮肤
Herz	心
Kiefer	颚
Kinn	下巴
Knie	膝盖
Knöchel	踝
Kopf	头
Mund	嘴
Nase	鼻子
Ohr	耳朵
Schulter	肩膀
Zunge	舌头

Messungen
测量

Breite	宽度
Byte	字节
Dezimal	十进制
Gewicht	重量
Gramm	克
Höhe	高度
Kilogramm	公斤
Kilometer	公里
Länge	长度
Liter	升
Masse	质量
Meter	米
Minute	分钟
Quart	夸脱
Tiefe	深度
Tonne	吨
Unze	盎司
Volumen	卷
Zentimeter	厘米
Zoll	英寸

Musik
音乐

Album	专辑
Aufnahme	录音
Ballade	民谣
Chor	合唱
Harmonie	和谐
Harmonisch	谐波
Improvisieren	凑合
Instrument	仪器
Klassisch	古典
Lyrisch	抒情
Melodie	旋律
Mikrofon	麦克风
Musical	音乐剧
Musiker	音乐家
Oper	歌剧
Poetisch	诗意
Rhythmisch	节奏
Sänger	歌手
Singen	唱
Tempo	速度

Musikinstrumente
乐器

Banjo	班卓琴
Cello	大提琴
Fagott	巴松管
Flöte	长笛
Geige	小提琴
Gitarre	吉他
Gong	锣
Harfe	竖琴
Klarinette	单簧管
Klavier	钢琴
Mandoline	曼陀林
Marimba	马林巴
Mundharmonika	口琴
Oboe	双簧管
Posaune	长号
Saxophon	萨克斯管
Schlagzeug	打击乐器
Tamburin	铃鼓
Trommel	鼓
Trompete	喇叭

Mythologie
神话

Archetyp	原型
Blitz	闪电
Donner	雷
Eifersucht	嫉妒
Held	英雄
Himmel	天堂
Katastrophe	灾难
Kreation	创造
Kreatur	生物
Krieger	战士
Kultur	文化
Labyrinth	迷宫
Legende	传说
Magisch	神奇
Monster	怪物
Rache	复仇
Stärke	力量
Sterblich	凡人
Unsterblichkeit	不朽
Verhalten	行为

Natur
大自然

Arktis	北极
Bienen	蜜蜂
Dynamisch	动态
Erosion	侵蚀
Fluss	河
Friedlich	和平
Gletscher	冰川
Heiligtum	避难所
Heiter	宁静
Laub	树叶
Lebenswichtig	重要的
Nebel	雾
Schönheit	美
Schutz	庇护所
Tiere	动物
Tropisch	热带
Wald	森林
Wild	荒野
Wolken	云
Wüste	沙漠

Obst
水果

Ananas	菠萝
Apfel	苹果
Aprikose	杏
Avocado	鳄梨
Banane	香蕉
Beere	浆果
Birne	梨
Brombeere	黑莓
Himbeere	覆盆子
Kirsche	樱桃
Kiwi	猕猴桃
Kokosnuss	椰子
Melone	瓜
Nektarine	油桃
Orange	橙色
Papaya	木瓜
Pfirsich	桃
Pflaume	李子
Traube	葡萄
Zitrone	柠檬

Ozean
海洋

Aal	鳗鱼
Auster	牡蛎
Boot	船
Delfin	海豚
Fisch	鱼
Garnele	虾
Gezeiten	潮汐
Hai	鲨鱼
Koralle	珊瑚
Krabbe	螃蟹
Krake	章鱼
Qualle	海蜇
Riff	礁
Salz	盐
Schildkröte	乌龟
Schwamm	海绵
Sturm	风暴
Thunfisch	金枪鱼
Wal	鲸
Wellen	波浪

Pflanzen
植物

Bambus	竹子
Baum	树
Beere	浆果
Blume	花
Blütenblatt	花瓣
Bohne	豆
Botanik	植物学
Busch	灌木
Dünger	肥料
Efeu	常春藤
Flora	植物
Garten	花园
Gras	草
Kaktus	仙人掌
Kraut	草本植物
Laub	树叶
Moos	苔藓
Vegetation	植被
Wald	森林
Wurzel	根

Physik
物理学

Atom	原子
Beschleunigung	加速度
Chaos	混乱
Chemisch	化学的
Dichte	密度
Elektron	电子
Experiment	实验
Formel	公式
Frequenz	频率
Gas	气体
Geschwindigkeit	速度
Magnetismus	磁性
Masse	质量
Mechanik	力学
Molekül	分子
Motor	引擎
Nuklear	核
Partikel	粒子
Relativität	相对论
Universal	普遍的

Psychologie
心理学

Bewertung	评估
Bewusstlos	无意识
Ego	自我
Einflüsse	影响
Erinnerungen	回忆
Ideen	想法
Kindheit	童年
Klinisch	临床
Kognition	认识
Konflikt	冲突
Persönlichkeit	个性
Problem	问题
Sensation	感觉
Therapie	治疗
Träume	梦想
Unterbewusstsei	潜意识
Verhalten	行为
Wahrnehmung	感知
Wirklichkeit	现实

Regierung
政府

Bezirk	区
Demokratie	民主
Denkmal	纪念碑
Diskussion	讨论
Dissens	异议
Freiheit	自由
Friedlich	和平
Gerechtigkeit	正义
Gesetz	法律
Gleichheit	平等
Justiziell	司法
Nation	国家
Politik	政治
Rechte	权利
Rede	演讲
Staat	状态
Symbol	象征
Unabhängigkeit	独立
Verfassung	宪法
Zivil	民事

Restaurant #2
餐厅 #2

Abendessen	晚餐
Eis	冰
Fisch	鱼
Frucht	水果
Gabel	叉子
Gemüse	蔬菜
Getränk	饮料
Gewürze	香料
Kellner	服务员
Köstlich	美味
Kuchen	蛋糕
Löffel	勺子
Mittagessen	午餐
Nudeln	面条
Salat	沙拉
Salz	盐
Stuhl	椅子
Suppe	汤
Vorspeise	开胃菜
Wasser	水

Säugetiere
哺乳动物

Affe	猴子
Bär	熊
Biber	海狸
Elefant	大象
Fuchs	狐狸
Giraffe	长颈鹿
Gorilla	大猩猩
Hund	狗
Känguru	袋鼠
Kojote	郊狼
Löwe	狮子
Panther	豹
Pferd	马
Ratte	鼠
Schaf	羊
Stier	公牛
Tiger	老虎
Wal	鲸
Wolf	狼
Zebra	斑马

Schokolade
巧克力

Antioxidans	抗氧化剂
Aroma	香气
Bitter	苦
Erdnüsse	花生
Exotisch	异国情调
Favorit	最喜欢的
Geschmack	味道
Kakao	可可
Kalorien	卡路里
Karamell	焦糖
Kokosnuss	椰子
Köstlich	美味
Qualität	质量
Rezept	食谱
Süss	甜蜜的
Verlangen	渴望
Zucker	糖
Zutat	成分

Schönheit
美

Charme	魅力
Dienstleistungen	服务
Duft	香味
Elegant	优雅
Farbe	颜色
Fotogen	上镜
Glatt	光滑
Haut	皮肤
Kosmetik	化妆品
Lippenstift	口红
Locken	卷发
Ölc	油
Produkte	产品
Schere	剪刀
Shampoo	洗发水
Spiegel	镜子
Stylist	造型师
Wimperntusche	睫毛膏

Science Fiction
科幻小说

Bücher	书籍
Chemikalien	化学品
Dystopie	反乌托邦
Explosion	爆炸
Extrem	极端
Feuer	火
Futuristisch	未来派
Galaxie	星系
Geheimnisvoll	神秘
Illusion	错觉
Imaginär	虚构的
Kino	电影
Orakel	甲骨文
Planet	行星
Roboter	机器人
Romane	小说
Szenario	场景
Technologie	技术
Utopie	乌托邦
Welt	世界

Sport
运动

Athlet	运动员
Ausdauer	耐力
Diät	饮食
Ernährung	营养
Fähigkeit	能力
Gesundheit	健康
Joggen	跑步
Kardiovaskulär	心血管
Knochen	骨头
Körper	身体
Maximieren	最大化
Metabolisch	代谢
Muskel	肌肉
Programm	程序
Radfahren	循环
Sport	体育
Stärke	力量
Tanzen	跳舞
Trainer	教练
Ziel	目标

Stadt
小镇

Apotheke	药店
Bank	银行
Bäckerei	面包店
Bibliothek	图书馆
Blumenhändler	花店
Buchhandlung	书店
Flughafen	机场
Galerie	画廊
Hotel	酒店
Kino	电影
Klinik	诊所
Markt	市场
Museum	博物馆
Restaurant	餐厅
Schule	学校
Stadion	体育场
Supermarkt	超级市场
Theater	剧院
Universität	大学
Zoo	动物园

Tage und Monate
天和月

August	八月
Dezember	十二月
Dienstag	星期二
Donnerstag	星期四
Februar	二月
Freitag	星期五
Jahr	年
Januar	一月
Juli	七月
Juni	六月
Kalender	日历
Mittwoch	星期三
Monat	月
Montag	星期一
November	十一月
Oktober	十月
Samstag	星期六
September	九月
Sonntag	星期日
Woche	周

Tanzen
跳舞

Akademie	学院
Anmut	优雅
Ausdrucksvoll	富有表现力
Bewegung	运动
Choreographie	编舞
Emotion	情感
Freudig	快乐
Haltung	姿势
Klassisch	古典
Körper	身体
Kultur	文化
Kunst	艺术
Musik	音乐
Partner	伙伴
Rhythmus	节奏
Springen	跳
Traditionell	传统的
Visuell	视觉的

Technologie
技术

Bildschirm	屏幕
Blog	博客
Browser	浏览器
Bytes	字节
Computer	电脑
Cursor	光标
Datei	文件
Daten	数据
Digital	数字
Forschung	研究
Internet	互联网
Kamera	照相机
Nachricht	信息
Schriftart	字体
Sicherheit	安全
Software	软件
Statistik	统计数据
Virtuell	虚拟
Virus	病毒

Universum
宇宙

Asteroid	小行星
Astronom	天文学家
Astronomie	天文学
Atmosphäre	大气层
Äquator	赤道
Breite	纬度
Dunkelheit	黑暗
Galaxie	星系
Hemisphäre	半球
Himmel	天空
Himmlisch	天体
Horizont	地平线
Kosmisch	宇宙
Längengrad	经度
Mond	月亮
Orbit	轨道
Sichtbar	可见
Sonnenwende	冬至
Teleskop	望远镜
Tierkreis	黄道带

Urlaub #2
假期 #2

Ausländer	外国人
Ausländisch	外国
Camping	露营
Flughafen	机场
Freizeit	暇
Hotel	酒店
Insel	岛
Karte	地图
Meer	海
Pass	护照
Reise	旅程
Restaurant	餐厅
Strand	海滩
Taxi	出租车
Transport	运输
Urlaub	假期
Visum	签证
Zelt	帐篷
Ziel	目的地
Zug	火车

Vögel
鸟类

Adler	鹰
Ei	蛋
Ente	鸭
Eule	猫头鹰
Flamingo	火烈鸟
Gans	鹅
Huhn	鸡
Krähe	乌鸦
Kuckuck	杜鹃
Möwe	鸥
Papagei	鹦鹉
Pelikan	鹈鹕
Pfau	孔雀
Pinguin	企鹅
Reiher	苍鹭
Schwan	天鹅
Spatz	麻雀
Storch	鹳
Taube	鸽子
Toucan	巨嘴鸟

Wandern
徒步

Berg	山
Camping	露营
Führer	指南
Gefahren	危害
Gipfel	峰会
Karte	地图
Klima	气候
Klippe	悬崖
Müde	累
Natur	大自然
Orientierung	方向
Schwer	重
Sonne	太阳
Steine	石头
Stiefel	靴子
Tiere	动物
Vorbereitung	准备
Wasser	水
Wetter	天气
Wild	荒野

Wasser
水

Bewässerung	灌溉
Dampf	蒸汽
Dusche	淋浴
Eis	冰
Feucht	潮湿
Feuchtigkeit	湿度
Fluss	河
Flut	洪水
Frost	霜
Geysir	间歇泉
Hurrikan	飓风
Kanal	运河
Monsun	季风
Ozean	海洋
Regen	雨
Schnee	雪
See	湖
Verdunstung	蒸发
Wellen	波浪

Wetter
天气

Atmosphäre	大气
Blitz	闪电
Brise	微风
Donner	雷声
Dürre	干旱
Eis	冰
Himmel	天空
Hurrikan	飓风
Klima	气候
Monsun	季风
Nebel	雾
Polar	极地
Regenbogen	彩虹
Sturm	风暴
Temperatur	温度
Tornado	龙卷风
Trocken	干燥
Tropisch	热带
Wind	风
Wolke	云

Wissenschaft
科学

Atom	原子
Chemisch	化学的
Daten	数据
Evolution	进化
Experiment	实验
Fossil	化石
Hypothese	假设
Klima	气候
Labor	实验室
Methode	方法
Mineralien	矿物
Moleküle	分子
Natur	大自然
Organismus	生物
Partikel	粒子
Pflanzen	植物
Physik	物理
Schwerkraft	重力
Tatsache	事实
Wissenschaftler	科学家

Wissenschaftliche Disziplinen
科学学科

Anatomie	解剖学
Archäologie	考古学
Astronomie	天文学
Biochemie	生物化学
Biologie	生物学
Botanik	植物学
Chemie	化学
Geologie	地质学
Immunologie	免疫学
Kinesiologie	运动学
Linguistik	语言学
Mechanik	力学
Mineralogie	矿物学
Neurologie	神经学
Ökologie	生态学
Physiologie	生理学
Psychologie	心理学
Soziologie	社会学
Thermodynamik	热力学
Zoologie	动物学

Zahlen
数字

Acht	八
Achtzehn	十八
Dezimal	十进制
Drei	三
Dreizehn	十三
Fünf	五
Fünfzehn	十五
Neun	九
Neunzehn	十九
Null	零
Sechs	六
Sechzehn	十六
Sieben	七
Siebzehn	十七
Vier	四
Vierzehn	十四
Zehn	十
Zwanzig	二十
Zwei	二
Zwölf	十二

Zeit
時間

Gestern	昨天
Heute	今天
Jahr	年
Jahrhundert	世纪
Jahrzehnt	十年
Jährlich	每年
Jetzt	现在
Kalender	日历
Minute	分钟
Mittag	中午
Monat	月
Morgen	早晨
Nach	后
Nacht	晚上
Stunde	小时
Tag	日
Uhr	时钟
Vor	以前
Woche	周
Zukunft	未来

Gratuliere

Sie haben es geschafft !!

Wir hoffen, dass euch dieses Buch genauso viel Spaß gemacht hat wie uns dessen Herstellung. Wir tun unser Bestes, um qualitativ hochwertige Spiele zu erfinden. Diese Rätsel sind auf eine clevere Art und Weise entworfen, damit sie aktiv lernen und daran Vergnügen finden.

Hat ihnen das Buch gefallen ?

Eine einfache Bitte

Unsere Bücher existieren dank der Rezensionen, die sie veröffentlichen. Können sie uns helfen indem sie jetzt eine Meinung hinterlassen ?

Hier ist ein kurzer Link, der Sie zu ihrer Bewertungsseite führt

BestBooksActivity.com/Rezension50

MONSTER HERAUSFÖRDERUNGEN !

Herausförderung 1

Bereit für ihr Bonusspiel? Wir verwenden sie ständig, aber sie sind nicht einfach zu finden. Es sind die Synonyme !

Notieren sie 5 Wörter, die sie in den untenstehenden Rätseln (Nummer 21, 36 und 76) entdeckt haben und versuchen sie für jedes Wort 2 Synonyme zu finden .

Notieren sie 5 Wörter aus Rätsel 21

Wörter	Synonym 1	Synonym 2

Notieren sie 5 Wörter aus Rätsel 36

Wörter	Synonym 1	Synonym 2

Notieren sie 5 Wörter aus Rätsel 76

Wörter	Synonym 1	Synonym 2

Herausförderung 2

Jetzt, wo sie warm sind, notieren sie 5 Wörter, die sie in jedem der untenaufgeführten Rätseln entdeckt haben (Nummer 9, 17 und 25) und versuchen sie für jedes Wort 2 Antonyme zu finden. Wie viele davon können sie binnen 20 Minuten finden ?

Notieren sie 5 Wörter aus **Rätsel 9**

Wörter	Antonym 1	Antonym 2

Notieren sie 5 Wörter aus **Rätsel 17**

Wörter	Antonym 1	Antonym 2

Notieren sie 5 Wörter aus **Rätsel 25**

Wörter	Antonym 1	Antonym 2

Herausförderung 3

Wunderbar, diese Monster Herausförderung 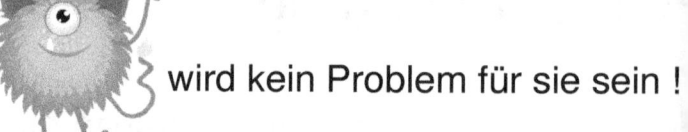 wird kein Problem für sie sein !

Bereit für die letzte Herausförderung? Wählen sie ihre 10 Lieblingswörter aus, die sie in einem Rätsel entdeckt haben und notieren sie sie unten.

1.	6.
2.	7.
3.	8.
4.	9.
5.	10.

Die Aufgabe besteht nun darin mit diesen Wörtern und in maximal sechs Sätzen einen Text herzustellen über eine Person, ein Tier oder ein Ort den sie lieben !

Tipp : sie können die letzten leeren Seiten dieses Buches als Entwurf verwenden

Ihr Schreiben :

NOTIZBUCH :

AUF BALDIGES WIEDERSEHEN !

Linguas Classics

KOSTENLOSE SPIELE GENIESSEN

GO

↓

BESTACTIVITYBOOKS.COM/FREEGAMES

www.ingramcontent.com/pod-product-compliance
Lightning Source LLC
Chambersburg PA
CBHW082041120626
46553CB00011B/3250